みんなが欲しかった!

簿記の問題集

1 損益会計・資産会計編

滝澤ななみ[監修]
TAC出版開発グループ

日商1級

商業簿記
会計学

はしがき

「教室講座と書籍の両方の強みを取り入れた本を作ろう」という企画のもとスタートした「独学で日商簿記検定に合格するための本」である『簿記の教科書・簿記の問題集 2級・3級』は刊行直後から、「わかりやすい」「仕方なく丸覚えしていたところが理解できた！」と非常に好評をいただきました。はやくも本シリーズで合格しましたというお声や、1級シリーズ刊行へのご希望もいただくようになり、1級を刊行する運びとなりました。

本書は、日商簿記検定に合格する力をつけるための受験対策用問題集です。同シリーズの『簿記の教科書』（別売り）が終わったあとに、本書をご使用ください。効率よく試験に合格していただけるよう、本書には次のような特長があります。

1．応用～本試験レベルの問題を収載

本シリーズでは、インプットと基本的な知識の確認までを『簿記の教科書』の役割とし、本書『簿記の問題集』では、実践的なアウトプット演習から始められるよう、応用レベルから本試験レベルの問題までを収載しています。これにより、スムーズに本試験レベルの問題演習までを完了させることができます。

2．頻出パターンの問題をピックアップ

各論点における頻出パターンの問題を収載しているので、出るところだけを効率的に演習することができます。

3．２回分の模擬試験つき

本試験と同様の総合問題を２回分収載しています。時間（１時間半）を計って解くことにより、本試験の感覚をつかんでください。

『簿記の問題集日商１級商会１～３』全部で６回分の模擬試験が入っています。日商１級商会の頻出パターンをある程度網羅できますので、ぜひチャレンジしてみてください。

なお、答案用紙は巻末の別冊に入っていますが、ダウンロードサービスもありますので、ご利用ください。

本書を利用して、一日もはやく合格し、試験勉強中に得た知識をもって社会にはばたいてください。皆様の合格を心よりお祈り申し上げます。

● **第９版刊行にあたって**

本書は『簿記の問題集　日商１級商業簿記・会計学１　第８版』につき、収益認識基準の適用により影響を受ける内容の改訂および、最近の試験傾向に対応するために改訂を行っています。

2021年10月

TAC出版 開発グループ

『簿記の問題集』の効果的な使いかた

❶ 個別問題を順次解く！

教科書の基本問題を一通りマスターしたら、応用～本試験レベルの問題をCHAPTER別に解いていきましょう。解答するさいは、別冊の答案用紙をご利用ください。ダウンロードサービスもありますので、ご利用ください。

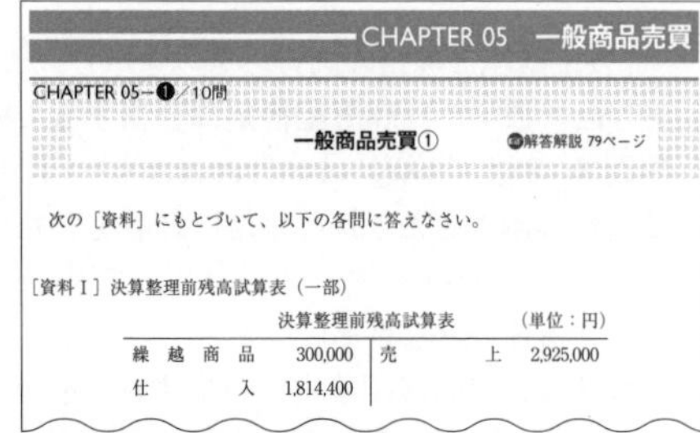

CHAPTER 05　一般商品売買

CHAPTER 05-❶／10問

一般商品売買①　解答解説 79ページ

次の［資料］にもとづいて、以下の各問に答えなさい。

［資料Ⅰ］決算整理前残高試算表（一部）

決算整理前残高試算表　（単位：円）

繰越商品	300,000	売上	2,925,000
仕入	1,814,400		

❷ 間違えた問題は、教科書に戻って確認しましょう♪

『簿記の教科書』と各CHAPTERが完全対応していますので、間違えた問題は『簿記の教科書』へ戻って、しっかりと復習しましょう。

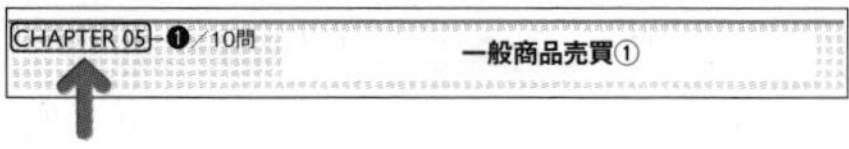

CHAPTER 05-❶／10問　一般商品売買①

❸ 2回分の模擬試験問題を解く！

※　模擬試験第3回～第6回は『簿記の問題集日商1級商会2～3（別売り）』に収載されています。

また、この模擬問題は「簿記の教科書・問題集1級商会1～3」の内容にもとづき、横断的に出題されています。

合格☆☆

日商簿記検定試験について

受験資格	なし
試験日	年3回（1級は年2回） 6月（第2日曜日）／11月（第3日曜日）／2月（第4日曜日） ※　2月は1級試験の実施はありません。
申込方法	試験の約2か月前から開始。申込期間は、各商工会議所によって異なります。
受験料（税込）	1級 7,850円 ／ 2級 4,720円 ／ 3級 2,850円 ※　一部の商工会議所およびネット試験では事務手数料がかかります。
試験科目	1級　商業簿記・会計学・工業簿記・原価計算 2級　商業簿記・工業簿記 3級　商業簿記
試験時間	1級 3時間 ／ 2級 90分 ／ 3級 60分
合格基準	1級　70点以上　ただし、1科目ごとの得点は10点以上 2級　70点以上 3級　70点以上

刊行時のデータです。最新の情報は、商工会議所の検定試験ホームページ（https://www.kentei.ne.jp/）をご確認ください。

なお、2020年12月より、2級・3級に関して、従来の試験方式（ペーパーで行う統一試験方式）に加え、ネット試験が実施されています（2級90分、3級60分）。また、簿記入門者向けに簿記初級が、原価計算入門者向けに原価計算初級がネット試験（40分）にて実施されています。

本試験の出題傾向（1級商業簿記・会計学）

1級の本試験問題は、商業簿記・会計学、工業簿記・原価計算からなり、それぞれ1時間30分ずつで試験が行われます。商業簿記・会計学の出題内容は下記のとおりです。

商業簿記	損益計算書の作成、貸借対照表の作成、本支店合併財務諸表の作成、連結財務諸表の作成など、通常、総合問題の形式（1問形式）で出題されます。配点は25点です。
会計学	会計学は2問から4問の小問形式で出題され、通常、このうち1問が理論問題（正誤問題や穴埋め問題）、残りが計算問題です。配点は25点です。

目 次

CHAPTER 01 会計学の基礎知識

CHAPTER 03 収益の認識基準

CHAPTER 04 工事契約(建設業会計)

CHAPTER 05 一般商品売買

CHAPTER 13 有価証券

CHAPTER 14 デリバティブ取引

模擬試験

※　模擬試験は、問題と答案用紙は別冊、解答解説は本書の中にあります。

※　模擬試験の第３回から第６回は、『簿記の問題集　日商１級　商業簿記・会計学２、３』（別売り）に収載しております。

※　答案用紙については、ダウンロードでもご利用いただけます。TAC出版書籍販売サイト・サイバーブックストアにアクセスしてください。
https://bookstore.tac-school.co.jp/

※　本書は、『簿記の教科書　日商１級商業簿記・会計学１　第９版』に完全準拠しています。CHAPTER 02、10につきましては同教科書の対応CHAPTERの内容をご理解いただければ学習上支障はございません。

日商１級　商業簿記・会計学１
問題編

CHAPTER 01－❶／2問

企業会計原則①

解答解説 60ページ

次の文章の空欄（ア～カ）に当てはまる適当な語句を答案用紙に記入しなさい。

1．企業会計は、（　ア　）により変更を行う場合を除き、その処理の（　イ　）を毎期継続して適用し、みだりにこれを変更してはならない。これを継続性の原則という。

2．企業会計は、すべての取引につき、（　ウ　）の原則に従って、正確な会計帳簿を作成しなければならないが、重要性の乏しいものについては、本来の厳密な会計処理によらないで他の（　エ　）によることも認められる。

3．企業会計原則とは、わが国の企業会計の基本的なルールを定めたもので、（　オ　）、損益計算書原則、（　カ　）の3つから構成されている。

CHAPTER 01－❷／2問

企業会計原則②

解答解説 61ページ

次の語群Aにおける１～５の語句について、語群Bの中から最も関連性の高い語句を選び、その記号を選びなさい。

［語群A］

１．真実性の原則　　２．保守主義の原則　　３．明瞭性の原則

４．単一性の原則　　５．資本取引・損益取引区分の原則

［語群B］

ア．注記　　イ．普遍的　　ウ．重要性の原則　　エ．相対的

オ．健全な会計処理　　カ．資本剰余金と利益剰余金　　キ．秩序性

ク．会計公準　　ケ．異なる形式の財務諸表

CHAPTER 03－❶／5問

収益の認識基準①

解答解説 62ページ

次の［資料］にもとづいて、当期に必要な仕訳を示しなさい。なお、会計処理は売上原価対立法によるものとし、仕訳の必要がない場合には、借方の金額の欄に「仕訳なし」と記入すること。

［資　料］

1．当社は、商品Aを1,000個（1個20円）で顧客に現金で販売した。

2．契約により、顧客が未使用の商品Aを1か月以内に返品する場合、全額返金に応じることとしている。当社の商品Aの原価は1個15円である。

3．この契約では顧客が商品Aを返品することが認められているため、当社が顧客から受け取る対価は変動対価である。

4．当社は販売時点において、商品A30個が返品されると合理的に見積った。なお、回収費用は考慮しないものとし、返品された商品Aは原価以上の価格で販売できるものと見込まれている。

5．当社は、変動対価の額に関する不確実性が事後的に解消される時点までに、計上された収益の額の著しい減額が発生しない可能性が高いと判断した。

収益の認識基準②

解答解説 64ページ

以下の［資料］にもとづいて、決算整理後残高試算表を作成しなさい。なお、円未満を四捨五入すること。

［資　料］

1．当社は商品を100円分販売するごとに2ポイントを顧客に付与するカスタマー・ロイヤルティ・プログラムを提供している。1ポイントは1円に換算され、顧客は当社の商品を将来購入する際に、1ポイントあたり1円の値引きを受けることができる。

2．当期中に、顧客は商品3,000,000円を現金で購入し、将来の当社の商品購入に利用できるポイント（60,000ポイント）を獲得した。顧客に販売した当社の商品の独立販売価格は3,000,000円であった。

3．当社は商品の販売時点で、将来51,000ポイントが使用されると見込み、1ポイントあたりの独立販売価格を1円と見積った。

4．当該ポイントは、契約を締結しなければ顧客が受け取れない重要な権利を顧客に提供するものであるため、当社は、顧客へのポイントの付与により履行義務が生じると結論づけた。

5．当期中に使用されたポイントは32,000ポイントであるが、ポイントの使用にともなう会計処理は行われていなかった。

収益の認識基準③

解答解説 66ページ

当社は、工作機械甲を販売するとともに、当該機械に関して有償の保守・点検サービスを提供している。「収益認識に関する会計基準」にもとづき、次の［資料］の取引について当社が、当期（×2年４月１日～×3年３月31日）に計上する収益の金額を求めなさい。なお、計算結果に端数が生じる場合、円未満を四捨五入すること。

［資　料］

1．工作機械甲の当社の独立販売価格は150,000円である。

2．保守・点検サービスはサービス開始日から５年間にわたり、工作機械甲に関する保守・点検に関わる一切のサービスを提供するというものである。このサービスの独立販売価格は50,000円である。なお、このサービスは当社が販売した工作機械甲だけでなく、他社が販売した工作機械甲についても提供しており、工作機械甲を販売する他社も同様のサービスを提供している。

3．当社は工作機械甲と保守・点検サービスを併せて購入した場合に限り、セット販売価格として１台あたり180,000円で提供している。

4．×2年10月１日、当社は顧客である取引先Ａ社に上記のセットを１セットの契約を締結し、対価は現金で受け取った。

収益の認識基準④

解答解説 68ページ

次の［資料］にもとづいて、以下の各問に答えなさい。なお、会計処理は売上原価対立法によること。

［資　料］

1．当社は、仕入先Ｘ社から商品Ａを仕入れ、店頭に陳列し販売している。
2．当社は、商品の販売代金を顧客から受け取り、販売代金の80％をＸ社に対して支払う義務を負う。
3．商品Ａ（原価400,000円）を500,000円で顧客に販売した。
4．代金はすべて現金で受け取っている。

問１　当社に陳列した商品Ａの所有権は販売時まで当社が所有しており、商品Ａに関するリスクおよび保管管理責任を当社が負っている場合、顧客へ販売したときの当社の仕訳を示しなさい。

問２　当社に陳列した商品Ａの所有権は取引先Ｘ社が所有しており、商品Ａに関するリスクおよび保管管理責任をＸ社が負っている場合、顧客へ販売したときの当社の仕訳を示しなさい。

理論問題

解答解説 70ページ

次の「収益認識に関する会計基準」に関する文章の空欄（ア～オ）に当てはまる適当な語句を答案用紙に記入しなさい。

1．顧客との契約において、別個の財又はサービスや、一連の別個の財又はサービスのいずれかを顧客に移転する約束を（　ア　）という。
2．顧客と約束した対価のうち変動する可能性のある部分を（　イ　）という。
3．企業が顧客に移転した財又はサービスと交換に受け取る対価に対する企業の権利（ただし、顧客との契約から生じた債権を除く）を（　ウ　）という。
4．財又はサービスを顧客に移転する企業の義務に対して、企業が顧客から対価を受け取ったもの又は対価を受け取る期限が到来しているものを（　エ　）という。
5．顧客から受け取った又は受け取る対価の一部あるいは全部を顧客に返金すると見込む場合、受け取った又は受け取る対価の額のうち、企業が権利を得ると見込まない額について、（　オ　）を認識する。

CHAPTER 04　工事契約（建設業会計）

CHAPTER 04－❶／3問

工事契約①

解答解説 71ページ

次の［資料］にもとづいて、以下の各問に答えなさい。

［資　料］

1．会計期間は1年間であり、決算日は3月31日である。

2．当社が請け負っている工事の明細は以下のとおりである。

(1)　請負工事の契約内容

工事収益総額	工事原価総額（見積額）	工　期
400,000円	300,000円	×1年4月1日～×4年1月15日

なお、工期の終日に引渡しを行っている。

(2)　各年度における実際工事原価

×1年度	×2年度	×3年度
96,000円	114,000円	98,000円

問1　履行義務の充足に係る進捗度を合理的に見積ることができる場合、×1年度、×2年度および×3年度における工事収益および工事原価を答えなさい。なお、履行義務の充足に係る進捗度は原価比例法により算定すること。

問2　履行義務の充足に係る進捗度を合理的に見積ることができない場合、×1年度、×2年度および×3年度における工事収益および工事原価を答えなさい。なお、履行義務を充足するさいに発生する費用は全額回収できると見込まれているため、原価回収基準により処理すること。

工事契約②

解答解説 74ページ

次の［資料］にもとづいて、当期の損益計算書（工事利益まで）を作成しなさい。なお、当期は×6年３月31日を決算日とする１年間である。

［資料Ⅰ］請負工事の明細

契約日時点での工事収益総額	750,000円
変更後工事収益総額	900,000円
契約日時点での工事原価総額（見積額）	600,000円
変更後工事原価総額（見積額）	720,000円
過年度工事原価発生額	270,000円
当期工事原価発生額	
直接材料費	78,360円
直接労務費	47,520円
直接経費	54,120円
契約日	×3年２月１日
工事完成・引渡日	×7年１月31日

［資料Ⅱ］解答上の注意事項

1．上記の請負工事は、一定の期間にわたり充足される単一の履行義務に該当する。

2．工事進捗度の見積方法は、原価比例法によっている。

3．当期末において、工事収益総額および工事原価総額（見積額）が変更された。

工事契約③

解答解説 76ページ

次の［資料］にもとづいて、以下の各問に答えなさい。会計期間は１年間であり、決算日は３月31日である。なお、工事利益がマイナスの場合は金額の前に△をつけること。

［資　料］

1．請負工事の詳細は以下のとおりである。なお、工事期間は×4年８月１日から×7年１月31日までであり、×6年度中に完成し、引渡しを行っている。また、×4年度末および×5年度末において、工事原価総額（見積額）が以下のとおり変更されたが、工事収益総額の見直しは行われなかった。

（単位：円）

	工事収益総額	工事原価総額（見積額）	発生工事原価
契約当初	240,000	220,000	−
×4年度末	240,000	236,000	73,160
×5年度末	240,000	250,000	124,340
×6年度末	240,000	250,000	52,500

2．上記の請負工事は、一定の期間にわたり充足される単一の履行義務に該当する。

3．原価比例法により工事進捗度を算定する。

問１　×5年度損益計算書（工事利益まで）を作成しなさい。

問２　×6年度損益計算書（工事利益まで）を作成しなさい。

CHAPTER 05－❶／10問

一般商品売買①

解答解説 79ページ

次の［資料］にもとづいて、以下の各問に答えなさい。

［資料Ⅰ］決算整理前残高試算表（一部）

決算整理前残高試算表　　　（単位：円）

繰越商品	300,000	売上	2,925,000
仕入	1,814,400		

［資料Ⅱ］決算整理事項等

1．期末商品棚卸高：242,400円

2．［資料Ⅰ］の仕入は、仕入戻し4,500円、仕入割戻10,500円を控除した残額である。

問１　当期の原価率を算定しなさい。

問２　損益計算書（売上総利益まで）を作成しなさい。

CHAPTER 05－❷／10問

一般商品売買②

☞解答解説 81ページ

次の［資料］にもとづいて、以下の各問に答えなさい。

［資料Ⅰ］

決算整理前残高試算表　（単位：円）

繰越商品	780,000	売上	2,585,000
仕入	2,000,000	仕入戻し	145,000
販売費	210,000	仕入割戻	80,000
		仕入割引	15,000

［資料Ⅱ］

期末商品帳簿棚卸高640,000円

問１　損益勘定（一部）を完成しなさい。

問２　損益計算書（経常利益まで）を完成しなさい。

一般商品売買③

解答解説 84ページ

次の［資料］にもとづいて、損益計算書（経常利益まで）を完成しなさい。

［資料Ⅰ］

決算整理前残高試算表　（単位：円）

繰越商品	40,000	売上	483,000
仕入	399,500		
販売費	8,500		

［資料Ⅱ］

1．仕入勘定から仕入戻し2,500円、仕入割戻3,500円、仕入割引500円が控除されている。

2．期末商品帳簿棚卸高　［各自推定］円

3．売価は原価の15％増しに設定している。

CHAPTER 05－❹／10問

総記法

☞解答解説 86ページ

次の［資料］にもとづいて、以下の各問に答えなさい。なお、当期は×2年３月31日に終了する１年間である。

［資　料］決算整理事項等

1．期首商品棚卸高は60,000円である。
2．当期の売上利益率は25％である。
3．期末商品帳簿棚卸高は50,000円である。
4．期末商品実地棚卸高は48,000円である。
5．総記法により記帳している。

問１　決算整理前残高試算表の商品勘定の金額が140,000円（貸方残高）であった場合、損益計算書（営業利益まで）を作成しなさい。

問２　決算整理前残高試算表の商品勘定の金額が8,000円（借方残高）であった場合、損益計算書（営業利益まで）を作成しなさい。

期末商品の評価①

解答解説 89ページ

次の［資料］にもとづいて、損益計算書（経常利益まで）を完成しなさい。

［資料Ⅰ］

決算整理前残高試算表　　　（単位：円）

繰越商品	240,900	売上	2,806,000
仕入	1,750,000		

［資料Ⅱ］

1．仕入勘定からは、仕入割引5,000円が控除されている。

2．商品の期末棚卸高は次のとおりである。

⑴　帳簿棚卸高　2,150個　　単価 各自推定 円

⑵　実地棚卸高

①　良　　　品　2,090個　単価78円（正味売却価額）

②　品質低下品　　40個　単価40円（正味売却価額）

なお、商品評価損は売上原価の内訳項目として表示し、その他は販売費及び一般管理費に表示する。

3．当期の売上原価率は65％である。

期末商品の評価②

解答解説 92ページ

次の［資料］にもとづいて、損益計算書（売上総利益まで）を作成しなさい。

［資料Ⅰ］決算整理前残高試算表

決算整理前残高試算表　　　（単位：円）

借方科目	金額	貸方科目	金額
受取手形	47,000	支払手形	30,000
売掛金	51,000	買掛金	20,000
繰越商品	各自推定	売上	各自推定
仕入	各自推定		

［資料Ⅱ］決算整理事項等

1．期首商品棚卸高：単価300円　　80個

2．当期商品仕入高：単価320円　1,040個

3．期末商品棚卸高：単価　各自推定 円（時価290円）

　　帳簿棚卸数量　各自推定 個（実地棚卸数量105個）

　商品の払出単価の計算は先入先出法を採用している。

　また、当期の販売単価は500円で、期中一定であった。

4．売掛金の期首残高は32,000円、受取手形の期首残高は28,000円であった。当期の売上はすべて掛けまたは手形取引であり、売掛金および受取手形の現金預金回収高は462,000円であった。

売価還元法①

☞解答解説 95ページ

次の［資料］にもとづいて、売価還元法による損益計算書（売上総利益まで）および貸借対照表（一部）を完成しなさい。

［資　料］

	原　価	売　価
期首商品棚卸高	1,020,000 円	1,512,000 円
当期仕入高	3,258,000	
原始値入額		1,450,000
期中値上額		190,000
同取消額		80,000
期中値下額		200,000
同取消額		70,000
当期売上高		4,700,000
期末商品実地棚卸高	各自推定	1,400,000
期末商品正味売却価額		950,000

売価還元法②

☞解答解説 98ページ

次の［資料］にもとづいて、損益計算書（経常利益まで）および貸借対照表（一部）を完成しなさい。

［資料Ⅰ］

決算整理前残高試算表　（単位：円）

借方科目	金額	貸方科目	金額
繰越商品	712,000	売上	3,155,000
仕入	2,050,000	仕入戻し	40,000
		仕入割戻	34,000
		仕入割引	32,500

［資料Ⅱ］

1．期末商品の評価は、売価還元低価法（商品評価損を計上する方法）を採用している。

2．商品の各種売価に関する資料

期首商品売価	824,000円
原始値入額	1,150,000円
期中値上額	269,500円
同取消額	19,500円
期中値下額	400,000円
同取消額	40,000円
期末商品実地売価	675,000円

3．商品評価損は売上原価の内訳とし、棚卸減耗費は販売費及び一般管理費に表示すること。

売価還元法③

解答解説 101ページ

寒梅百貨店㈱は、期末商品の評価について、売価還元法を採用している。次の［資料］にもとづいて、損益計算書（経常利益まで）と貸借対照表（一部）を完成しなさい。

［資料Ⅰ］　決算整理前残高試算表　（単位：円）

繰越商品	39,400	売上	212,000
仕入	138,880		

［資料Ⅱ］

1．仕入勘定から、仕入割引1,120円が控除されている。

2．期首商品売価は53,100円、期中値入率は純仕入原価の15％である。

3．期中値上額は49,400円、期中値下額は3,500円である。

4．見本品として商品3,000円（売価）を消費したが、この記帳が未処理である。

5．期末商品実地売価は44,000円であり、棚卸減耗費は販売費及び一般管理費に表示すること。

6．期末商品（実地棚卸分）の正味売却価額は28,000円である。

理論問題

☞解答解説 105ページ

次の文章の空欄（ア～ウ）に当てはまる適当な語句を答案用紙に記入しなさい。

1．棚卸資産の数量の計算方法には、商品有高帳を用いて、受入れと払出しの数をその都度記録する（　ア　）と、受入れの記録はするが、払出しの記録を省略する（　イ　）がある。
2．商品のグループごとに期末商品の売価合計に原価率を掛けて期末商品原価を計算する方法を（　ウ　）という。

CHAPTER 06－❶／3問

割賦販売①

解答解説 106ページ

次の［資料］にもとづいて、損益計算書（売上総利益まで）を作成しなさい。なお、割賦販売契約には重要な金融要素が含まれているため、取引価格の算定にあたっては、金利相当分の影響を調整する。

［資料Ⅰ］

決算整理前残高試算表　（単位：円）

借方科目	金額	貸方科目	金額
繰越商品	240,000	一般売上	1,350,000
割賦売掛金	240,000	割賦売上	各自推定
仕入	1,420,000		

［資料Ⅱ］

1．期末商品棚卸高　各自推定 円

2．当社は、当期首において現金販売価格720,000円の商品を毎月末日に45,000円ずつ18回の割賦払いにより売り上げた。

3．当期、一般販売は利益率40％で行っており、割賦販売は原価の20％増しで行っている。

割賦販売②

解答解説 108ページ

次の［資料］にもとづいて、損益計算書（営業利益まで）を作成しなさい。

［資料Ⅰ］

決算整理前残高試算表　（単位：円）

借方科目	金額	貸方科目	金額
繰越商品	360,000	貸倒引当金	25,700
売掛金	750,000	一般売上	2,025,000
割賦売掛金	580,000	割賦売上	1,080,000
仕入	2,130,000		

［資料Ⅱ］

1．期末商品棚卸高　375,000円（戻り商品評価額は含まない）
2．期中に、当期に発生した割賦売掛金40,000円が貸し倒れ、商品が返品された。戻り商品は12,500円と評価された。返品された商品は再販されていない。なお、貸し倒れた割賦売掛金と戻り商品の評価額との差額を戻り商品損失として処理する方法を採用しているが、期中においてこれらの会計処理がなされていない。
3．当社は、期末売掛金および割賦売掛金に対し、３％の貸倒引当金を差額補充法により毎期設定している。

割賦販売③

解答解説 110ページ

次の一連の取引にもとづいて、以下の各問に答えなさい。なお、金利相当分は定額法により回収時に配分する。

［取　引］

⑴　当期に商品を2,400,000円（現金販売価格は2,000,000円）で割賦販売した（10回分割払い）。なお、当社と取引先との割賦販売契約には重要な金融要素が含まれているため、取引価格の算定にあたっては金利相当分の影響を調整する。

⑵　当期中に２回分の割賦金を現金で回収した。

⑶　翌期首に当該割賦売掛金の全額が回収不能となった。この際に商品を取り戻しており、その評価額は1,000,000円である。またこの割賦売掛金に対して、前期に貸倒引当金を96,000円設定している。

問１　商品の販売時に現金販売価格で割賦売掛金を計上している場合、⑴から⑶の各時点における仕訳を示しなさい。

問２　金利相当分について利息未決算勘定で処理している場合、⑴から⑶の各時点における仕訳を示しなさい。

CHAPTER 07－❶／3問

委託販売①

解答解説 114ページ

次の［資料］にもとづいて、以下の各問に答えなさい。なお、答案用紙への記入にあたって、金額がゼロの場合には「０」を記入すること。

［資料Ⅰ］決算整理前残高試算表（一部）

決算整理前残高試算表　　（単位：千円）

借方科目	金額	貸方科目	金額
繰越商品	15,000	一般売上	250,000
積送品	各自推定	積送品売上	90,000
繰延積送諸掛	各自推定		
仕入	192,500		
積送諸掛	各自推定		

［資料Ⅱ］決算整理事項等

1．委託販売については、三分法（期末一括法）により記帳している。

2．積送品に係る購入代価は以下のとおりである。

	期首積送品	当期積送	期末積送品
金　額	19,500千円	75,000千円	22,500千円

3．積送品に係る発送諸掛は以下のとおりである。

	期首積送品	当期積送	期末積送品
金　額	400千円	1,550千円	550千円

4．期末手許商品は20,000千円であり、棚卸減耗等は生じていない。

問１　発送諸掛を積送品原価として処理する場合、損益計算書（営業利益まで）および貸借対照表（一部）を作成しなさい。

問２　発送諸掛を販売費として処理する場合、損益計算書（営業利益まで）および貸借対照表（一部）を作成しなさい。

委託販売②

解答解説 119ページ

次の［資料］にもとづいて、損益計算書（営業利益まで）を作成しなさい。なお、答案用紙の記入にあたって、金額がゼロの場合には「0」を記入すること。また、収益認識に関する会計基準を適用しており、積送品にかかる取引は委託契約（販売）と判断される。

［資料Ⅰ］決算整理前残高試算表（一部）

決算整理前残高試算表　　（単位：千円）

借方科目	金額	貸方科目	金額
繰越商品	150,450	一般売上	1,061,265
積送品	各自推定	積送品売上	各自推定
仕入	798,165		
積送諸掛	各自推定		

［資料Ⅱ］決算整理事項等

1．委託販売については、三分法（期末一括法）により記帳しており、原価率が75%となる指値で販売を委託している。

2．積送品に係る購入代価は以下のとおりである。なお、発送諸掛は生じていない。

	期首積送品	当期積送	期末積送品
金　額	各自推定千円	408,000千円	75,000千円

3．当期において受託者より送付された売上計算書の要約は次のとおりである。

(1)　受託者売上高：540,000千円

(2)　受託者立替諸掛：16,200千円

(3)　販売手数料：受託者売上金額の2％

4．期末手許商品は184,500千円であり、棚卸減耗等は生じていない。

委託販売③

☞解答解説 121ページ

次の［資料］にもとづいて、損益計算書（売上総利益まで）を作成しなさい。なお、収益認識に関する会計基準を適用しており、積送品にかかる取引は委託契約（販売）と判断される。

［資料Ⅰ］決算整理前残高試算表（一部）

決算整理前残高試算表　　（単位：千円）

繰越商品	36,275	一般売上	2,302,500
積送品	43,200	積送品売上	各自推定
仕入	2,366,870		

［資料Ⅱ］決算整理事項等

1．委託販売における指値は毎期一般販売による売価の25％増であり、三分法（その都度法）により記帳している。

2．当期積送高は650,000千円であり、その際に支払った発送諸掛9,695千円は積送品原価に算入している。

3．当期において受託者より送付された売上計算書の要約は次のとおりである。

⑴　受託者売上高：1,155,000千円

⑵　受託者立替諸掛：　33,200千円

⑶　販売手数料：受託者売上金額の２％

4．期末手許商品は47,800千円であり、棚卸減耗等は生じていない。

CHAPTER 08－❶／4問

試用販売①

☞解答解説 124ページ

次の［資料］にもとづいて、損益計算書（一部）および貸借対照表（一部）を作成しなさい。

［資料Ⅰ］

決算整理前残高試算表　（単位：円）

借方科目	金額	貸方科目	金額
繰越商品	120,000	一般売上	720,000
試用品	104,000	試用品売上	312,000
仕入	723,000	試用仮売上	136,500
試用販売契約	136,500		

［資料Ⅱ］

1．仕入からは仕入割引22,000円が控除されている。
2．期首試用品原価104,000円
3．期末手許商品帳簿原価　［各自推定］円
4．一般販売の原価率は80％であり、試用販売は一般販売の20％増しの売価を設定している。
5．試用品は対照勘定法により、会計処理を行っている。

試用販売②

解答解説 127ページ

次の［資料］にもとづいて、損益計算書（営業利益まで）および貸借対照表（一部）を作成しなさい。

［資料Ⅰ］

決算整理前残高試算表　（単位：円）

借方科目	金額	貸方科目	金額
売掛金	800,000	貸倒引当金	4,000
繰越商品	100,000	一般売上	1,600,000
試用品	80,000	試用品売上	1,000,000
試用販売契約	300,000	試用仮売上	300,000
仕入	2,220,000		

［資料Ⅱ］

1．期首試用品は80,000円であった。

2．試用販売の原価率は70％である。

3．決算日において、試用品のうち200,000円（売価）の買取通知を受けたが未処理である。

4．試用販売の会計処理は対照勘定法によっている。

5．期末手許商品棚卸高

帳簿棚卸高：2,000個　単価80円（原価）

実地棚卸高：良品1,900個　単価60円（正味売却価額）

品質低下品60個　単価40円（正味売却価額）

なお、棚卸減耗費は販売費及び一般管理費に表示し、商品評価損は売上原価の内訳項目として表示すること。また、試用品からは減耗等は生じていない。

6．売掛金期末残高に対して２％の貸倒引当金を差額補充法により設定する。

CH 08　特殊商品売買Ⅲ（試用販売）

試用販売③

解答解説 131ページ

次の［資料］にもとづいて、損益計算書（売上総利益まで）を作成しなさい。

［資料Ⅰ］

決算整理前残高試算表　(単位：円)

借方科目	金額	貸方科目	金額
繰越商品	81,000	試用仮売上	112,500
試用品	31,000	一般売上	1,056,250
試用販売契約	112,500	試用品売上	950,000
仕入	1,500,500		

［資料Ⅱ］決算整理事項等

1．一般販売

(1) 一般販売原価率は毎期異なるが、期中は一定である。

(2) 期末商品棚卸高は99,500円である。なお、棚卸減耗等は生じていない。

2．試用販売

(1) 対照勘定法により記帳しており、毎期一般売価の20％増しで試送している。

(2) 試用品の原価率は毎期異なる。

(3) 期首試用販売契約50,000円については当期にすべて買取りの意思表示を受けている。

(4) 当期試送高は658,125円である。なお、当期試送品について、返送されたものはなかった。

理論問題

☞解答解説 134ページ

次の文章の空欄（ア～オ）に当てはまる適当な語句を答案用紙に記入しなさい。

1．代理店などに自己の商品の販売を委託する販売形態を（　ア　）といい、商品の販売の委託側を（　イ　）、商品の販売の受託側を（　ウ　）という。

2．あらかじめ得意先に商品を発送して一定期間使用してもらい、その後の買取りの意思表示によって、収益の認識を行う販売形態を（　エ　）という。

3．収益や費用が確定するまでの間、貸借で一対になる勘定によって、備忘記録を行う会計処理方法を（　オ　）という。

CHAPTER 09　会計上の変更・誤謬の訂正

CHAPTER 09−❶／2問

会計上の変更・誤謬の訂正

解答解説 135ページ

当年度（×3年度）より、通常の販売目的で保有する棚卸資産（商品）の評価方法を総平均法から先入先出法に変更した。このとき、答案用紙に示した×3年度の貸借対照表（一部）と損益計算書（一部）を完成しなさい。

なお、財務諸表は当年度および前年度の２期分の開示が求められているものとする。

［資料Ⅰ］会計方針の変更による影響

当該会計方針の変更が、前年度（×2年度）の財務諸表に与える影響は次のとおりである。

	総平均法	先入先出法
前年度期首商品棚卸高	86,700円	74,800円
前年度当期商品仕入高	510,000円	510,000円
前年度期末商品棚卸高	122,400円	102,000円
前年度売上原価	474,300円	482,800円

［資料Ⅱ］前年度（×2年度）財務諸表

(1) 貸借対照表

	前事業年度 ×2年３月31日	当事業年度 ×3年３月31日
資産の部		
流動資産		
商　　品	86,700 円	122,400 円
⋮		
純資産の部		
株主資本		
利益剰余金	119,000 円	174,080 円
⋮		
純資産合計	×××	357,000 円

(2) 損益計算書

	前事業年度 自×1年４月１日 至×2年３月31日	当事業年度 自×2年４月１日 至×3年３月31日
売上原価		
期首商品棚卸高	×××	86,700 円
当期商品仕入高	×××	510,000 円
合　　計	×××	596,700 円
期末商品棚卸高	86,700 円	122,400 円
売上原価合計	×××	474,300 円
⋮		
税引前当期純利益	68,000 円	91,800 円
法人税等	29,750 円	44,200 円
当期純利益	38,250 円	47,600 円

理論問題

☞解答解説 138ページ

次の文章の空欄（ア～オ）に当てはまる適当な語句を答案用紙に記入しなさい。

1．会計上の変更とは、（　ア　）、（　イ　）、および（　ウ　）のことをいう。

2．会計上の変更や誤謬が見つかった場合、過去の財務諸表にさかのぼってこれを適用・修正する処理を（　エ　）処理という。

3．過去の財務諸表における誤謬の訂正を財務諸表に反映させることを（　オ　）という。

MEMO

CHAPTER 11－❶／2問

現金預金①

解答解説 139ページ

次の［資料］にもとづいて、(1)貸借対照表（一部）を完成するとともに、(2)損益計算書に記載される雑益または雑損の科目および金額を示しなさい。

なお、当期は×3年3月31日を決算日とする1年である。

［資料Ⅰ］

決算整理前残高試算表

×3年3月31日　　（単位：円）

借方科目	金額	貸方科目	金額
現金預金	388,700	買掛金	352,000
受取手形	87,500	受取利息	2,850
売掛金	264,000	貸倒引当金	3,000

［資料Ⅱ］決算整理事項等

1．現金預金388,700円の内訳は次のとおりである。

　現金（同出納帳）残高　72,000円
　当座預金（同出納帳）残高　191,700円
　定期預金残高　125,000円

2．現金の実際有高を調べたところ、次のとおりであった。

(1)　通貨手許有高　62,500円
(2)　他人振出小切手　9,400円
　（うち得意先A商店振出の×3年4月20日付の小切手3,000円）
(3)　配当金領収証　4,100円（未記帳）
(4)　支払期日の到来した社債利札　2,400円（未記帳）

3．当座預金勘定と銀行残高証明書残高（215,000円）との差異の原因は、次のとおりであった。

(1)　決算日に現金7,500円を預け入れたが、営業時間外のため銀行では翌日付で入金の記帳をした。

⑵　仕入先に対して振り出した小切手2,350円が未渡しとなっていた。

⑶　修繕費の支払いのために振り出した小切手2,700円が未渡しとなっていた。

⑷　仕入先に対して振り出した小切手21,250円が銀行に支払呈示されていなかった。

⑸　得意先から受け入れた手形4,500円の取立てが銀行ではすでに行われていたが、その通知が当方に未着であった。

4．定期預金については下記の２つがある。

⑴　期間２年 80,000円（×2年５月１日から×4年４月30日まで、利率年３％、利払日は４月と10月の各末日）

⑵　期間２年 45,000円（×1年９月１日から×3年８月31日まで、利率年４％、利払日は２月と８月の各末日）

5．売上債権の期末残高に対して２％の貸倒引当金を設定する。

現金預金②

解答解説 144ページ

次の［資料］にもとづいて、⑴貸借対照表（一部）を完成するとともに、⑵損益計算書に記載される雑益または雑損の科目および金額を示しなさい。

なお、当期は×2年３月31日を決算日とする１年である。

［資料Ⅰ］

決算整理前残高試算表

×2年３月31日　　（単位：円）

借方科目	金額	貸方科目	金額
現金預金	350,400	支払手形	422,400
受取手形	326,250	買掛金	395,650
売掛金	277,400	貸倒引当金	5,000
販売費	99,500		

［資料Ⅱ］決算整理事項等

１．現金預金350,400円の内訳は次のとおりである。

現金（同出納帳）残高　［各自推定］円

当座預金（同出納帳）残高　［各自推定］円

定期預金残高　120,000円

２．現金預金を実地調査した結果、次の事実が判明した。

⑴　現金

①　通貨手許有高　51,500円

②　自己振出の回収小切手　750円

③　他人振出小切手　11,400円

（うち得意先Ａ商店振出の×2年４月10日付の小切手4,000円）

④　配当金領収証　3,500円（未記帳）

⑤　期限到来後社債利札　2,600円（未記帳）

⑵　当座預金

銀行残高証明書残高164,000円との差額は、次の原因による（他の資料から判明するものを除く）。

① 決算日に現金6,000円を預け入れたが、営業時間外であった。

② 仕入先に対して振り出した小切手4,350円が未渡しとなっていた。

③ 仕入先に対して振り出した約束手形6,250円が期日に銀行から支払われていたが、その通知が当方に未着であった。

④ 販売費の支払いのために振り出した小切手4,900円を9,400円と記帳していた。

(3) 定期預金

定期預金の期間は×2年1月4日から2年、利率は年8％、利払日は6月末日と12月末日である（利息の計算は月割りによること）。

3．売上債権の期末残高に対して2％の貸倒引当金を設定する。

CHAPTER 12　金銭債権・貸倒引当金

CHAPTER 12−❶／6問

金銭債権・貸倒引当金①

解答解説 149ページ

次の［資料］にもとづいて、(1) ×1年４月１日、(2) ×2年３月31日および(3) ×3年３月31日における仕訳を、受取手形に含まれる金利部分を(A)区分処理しない方法、(B)区分処理する方法（定額法）および(C)区分処理する方法（利息法）のそれぞれにより示しなさい。

なお、仕訳の必要がない場合には、借方の金額の欄に「仕訳なし」と記入しなさい。

［資　料］

当社（会計期間１年、決算日３月31日）は、×1年４月１日に現金正価100,000円の商品を売り上げ、代金として受取手形108,160円（支払期日×3年３月31日）を受け取った。この手形には、年利４％（１年複利）で計算された利息が含まれている。また、手形代金は×3年３月31日に当座預金に入金された。

MEMO

金銭債権・貸倒引当金②

解答解説 152ページ

次の［資料］にもとづいて、以下の各問に答えなさい。なお、当期は×4年度（×4年4月1日～×5年3月31日）であり、計算過程で端数が生じた場合には、円未満を四捨五入すること。

［資料Ⅰ］決算整理前残高試算表

決算整理前残高試算表

×5年3月31日　　　　（単位：円）

売掛金	100,000	貸倒引当金	162
長期貸付金	300,000		

［資料Ⅱ］決算整理事項等

1．売掛金

⑴　［資料Ⅰ］の売掛金はすべて一般債権と認められるため、貸倒実績率にもとづいて差額補充法により貸倒引当金を設定する。

なお、［資料Ⅰ］の貸倒引当金はすべて売掛金に係るものである。

⑵　売掛金の回収期間は3か月とする。

⑶　貸倒実績率は、期末残高に対する貸倒損失の割合とする。

⑷　当期に適用する貸倒実績率は過去3算定年度に係る貸倒実績率の平均とする。

⑸　売掛金の期末残高および貸倒れに関するデータは以下のとおりである。

（単位：円）

	×1年度	×2年度	×3年度	×4年度	期末残高 貸倒合計
期末残高	95,000	0			95,000
貸倒損失	−	1,292			1,292
期末残高		105,000	0		105,000
貸倒損失		−	1,638		1,638
期末残高			102,000	0	102,000
貸倒損失			−	1,428	1,428
期末残高				100,000	100,000
貸倒損失				−	−

2．長期貸付金

［資料Ⅰ］の長期貸付金のうち、100,000円はＡ社に対するものであり、200,000円はＢ社に対するものである。

⑴　Ａ社に対する長期貸付金（年利率５％、利払日３月末、返済日×7年３月31日）について×5年３月31日の利払い後にＡ社から条件緩和の申し出があり、年利率を３％に引き下げることに同意した。そこで、当該長期貸付金を貸倒懸念債権に分類し、キャッシュ・フロー見積法により貸倒引当金を設定する。

⑵　Ｂ社は当期に経営破綻に陥った。そこで、Ｂ社に対する長期貸付金を破産更生債権等に分類し、財務内容評価法により貸倒引当金を設定する。なお、保証による回収見込額が50,000円ある。

問１　損益計算書および貸借対照表を作成しなさい。

問２　長期貸付金（対Ａ社分）に対する貸倒引当金について、翌期に必要な仕訳を行いなさい。

金銭債権・貸倒引当金③

解答解説 156ページ

次の［資料］にもとづいて、必要な決算整理仕訳を行いなさい。なお、当期は×4年度（×4年4月1日～×5年3月31日）である。

［資料Ⅰ］決算整理前残高試算表（一部）

決算整理前残高試算表

×5年3月31日　　（単位：円）

売掛金	150,000	仮受金	5,000
貸付金	20,000	貸倒引当金	10,000
		資本金	100,000
		繰越利益剰余金	50,000

［資料Ⅱ］

1．前期に取得した貸付金10,000円が当期に貸し倒れたが未処理である。なお、前期に設定した貸付金に対する貸倒引当金は8,000円であった。当該不足額は計上時の見積りの誤りだったと判断された。

2．前期に取得した売掛金20,000円が当期に貸し倒れたが未処理である。なお、前期に設定した売掛金に対する貸倒引当金は2,000円であった。当該不足額は当期中の状況の変化にともなう会計上の見積りの変更に該当すると判断された。

3．仮受金5,000円は、前期に貸倒れ処理していた貸付金を当期に回収した際に計上されたものであると判明した。これは、当期中の状況の変化にともなう会計上の見積りの変更に該当すると判断された。

MEMO

手形

解答解説 158ページ

乙社における下記の［資料］にもとづいて、⑴決算整理前残高試算表（一部）および⑵貸借対照表（一部）を作成しなさい。なお、当期は×1年4月1日から×2年3月31日である。

［資料Ⅰ］前期末の残高勘定（一部）

残		高	(単位：円)
受取手形	138,000	支払手形	120,000
売掛金	166,000	貸倒引当金	7,080

［資料Ⅱ］当期中の取引

1．当期売上高は1,700,000円であり、その内訳は掛けによる売上1,240,000円、約束手形の受入れによる売上460,000円（他社振出364,000円、自己振出96,000円）であった。

2．前期に取得した所有手形40,000円を割り引き、割引料2,000円が差し引かれ、残額が当座預金に入金された。

3．A社に対する売掛金3,800円が貸し倒れたが、このうち600円は当期に計上したものである。

4．B社に対する買掛金93,000円の支払いのため、売掛金のあるC社の引受けを得て為替手形57,000円を振り出すとともに、前期に取得した他社振り出しの約束手形36,000円を裏書譲渡した。

5．D社に対する売掛金1,176,400円の当座預金への入金による回収は836,400円、約束手形の受入れによる回収は340,000円（すべて他社振出によるものである。）であった。

6．銀行への手形の取立依頼金額は626,800円であり、全額当座預金に入金された。

［資料Ⅲ］ 決算整理事項

1．貸倒引当金は、金銭債権を一般債権、貸倒懸念債権、破産更生債権等に区分して貸倒引当金を設定している。なお、繰入処理は差額補充法により行う。

⑴ 一般債権については債権残高に貸倒実績率２％を乗じた額を設定する。

⑵ 貸倒懸念債権については債権残高の50％を設定する。

⑶ 破産更生債権等については、財務内容評価法によりＨ社から受け入れた保証金3,600円（長期性のもの）を控除した残額の全額を計上する。

⑷ Ｇ社に対する売掛金600円につき、貸倒懸念債権に区分することとした。

⑸ Ｈ社が当期中に民事再生法により再生手続の開始の申立てを行ったが、当社は何ら処理していなかった。Ｈ社に対する債権は、売掛金2,000円と受取手形5,000円（内訳は、Ｈ社振出手形3,400円と第三者振出でＨ社裏書の手形1,600円）である。なお、破産更生債権等とみなされる債権については、破産更生債権等として処理する。

保証債務の計上・取崩し

☞解答解説 162ページ

次の［資料］にもとづいて、貸借対照表（一部）と損益計算書（一部）を完成させなさい。なお、当期は×2年３月31日を決算日とする１年である。

［資料Ⅰ］決算整理前残高試算表（一部）

決算整理前残高試算表

×2年３月31日　　（単位：円）

現金預金	100,000	保証債務	1,600
受取手形	140,000		

［資料Ⅱ］決算整理事項等

1．当社はＸ株式会社振出、当社宛の約束手形50,000円を銀行で割り引き、割引料1,400円を差し引かれた残額を当座預金に入金したが未処理である。なお、保証債務の時価は手形額面金額の５％とする。

2．前期にＹ株式会社に裏書きしたZ株式会社振出の約束手形40,000円が不渡りとなったため、Ｙ株式会社より償還請求を受け、満期日以降の利息1,000円とともに小切手を振り出して決済し、同時にZ株式会社に対して償還請求を行ったが未処理である。なお、前期において手形額面金額の４％を保証債務の時価として計上している。

CHAPTER 12-❻/6問

理論問題

☞解答解説 164ページ

次の文章の空欄（ア〜ウ）に当てはまる適当な語句を答案用紙に記入しなさい。

1．時間が経過することによって貨幣の価値が高くなることを（　ア　）という。

2．債権は、回収可能性に応じて、一般債権、（　イ　）、（　ウ　）に区分される。

CHAPTER 13-❶/3問

有価証券①

解答解説 165ページ

次の［資料］にもとづいて、当期（×4年4月1日～×5年3月31日）の貸借対照表（一部）を作成しなさい。なお、金額の計算において端数が生じた場合には、円未満を四捨五入すること。

［資料Ⅰ］

決算整理前残高試算表

×5年3月31日　　　　（単位：円）

有価証券	各自推定	有価証券利息	各自推定

［資料Ⅱ］決算整理事項等

1．有価証券に関するデータは以下のとおりである。

銘柄	取得原価	前期末時価	当期末時価	分類	備考
A社株式	154,000円	－	164,000円	売買目的	（注1）
B社社債	78,858円	－	79,200円	満期保有目的	（注2）
C社株式	40,000円	74,000円	90,000円	子会社	（注3）
D社株式	80,000円	－	－	関連会社	（注4）
E社株式	162,000円	150,000円	166,000円	その他	（注5）

（注1）×5年2月12日に取得したものである。

（注2）B社社債（額面80,000円、券面年利率4％、利払日3月末および9月末、償還日×6年3月31日）は×4年10月1日に取得したものである。なお、償却原価法（利息法、実効年利率5％）を適用する。

（注3）×2年10月28日に取得したものである。

（注4）×2年8月8日に500株を取得したもので、市場価格のない株式である。なお、×5年3月31日におけるD社の純資産は60,000円、発行済株式数は2,000株である。

（注５）×3年５月19日に取得したものである。

2．その他有価証券の評価差額については全部純資産直入法を採用している。

3．税効果会計は無視する。

有価証券②

解答解説 169ページ

次の［資料］にもとづいて、損益計算書（一部）および貸借対照表（一部）を作成しなさい。なお、会計期間は1年、当期は×2年4月1日から×3年3月31日までであり、税効果会計は無視する。

［資料Ⅰ］

決算整理前残高試算表

×3年3月31日　（単位：円）

借方科目	金額	貸方科目	金額
有価証券	586,700	その他有価証券評価差額金	3,200
		有価証券利息	4,000

［資料Ⅱ］決算整理事項等

1．有価証券に関するデータは以下のとおりである。

銘柄	分類	市場価格	取得原価	簿価	時価	備考
A社株式	売買目的	有	100,000円	106,000円	104,000円	（注1）
B社株式	その他	有	96,000円	99,200円	104,000円	（注2）
C社株式	その他	有	98,600円	96,900円	93,500円	（注2）
D社株式	子会社	有	115,900円	115,900円	57,000円	（注3）
E社株式	関連会社	無	119,700円	119,700円	−	（注4）
F社社債	満期保有	有	49,000円	49,000円	49,500円	（注5）

（注1）評価差額の処理は、洗替方式によるが、当期首において評価損益の振戻仕訳を行っていない。また、分記法で処理している。

（注2）部分純資産直入法によるが、当期首において評価差額金および評価損益について振戻仕訳を行っていない。

（注3）時価の著しい下落であり、回復の見込みは不明である。

（注4）E社株式の20％を保有しているが、E社の財政は著しく悪化し、その純資産額は294,000円となっている。

（注5）F社社債は、×2年4月1日に額面総額50,000円を額面100円につき98円で

取得したものである。満期日は×7年３月31日、クーポン利子率は年８％、利払日は３月と９月の各末日である。取得原価と額面金額との差額は、金利の調整と認められるため、償却原価法（利息法）を適用する。クーポンの処理は適正に行われているが、償却額の計上は未処理である。なお、償却額の計算上、実効利子率は年8.5％とし、端数が生じた場合には、円未満を四捨五入すること。

CHAPTER 13−❸／3問

理論問題

☞解答解説 173ページ

次の文章の空欄（ア～ウ）に当てはまる適当な語句を答案用紙に記入しなさい。

1．有価証券の減損処理には、強制評価減と（　ア　）があり、当該処理には（　イ　）が適用されるため、翌期首に取得原価に振り戻す処理はしない。
2．有価証券は、契約締結日に売買を認識する（　ウ　）基準を原則として認識をおこなう。

CH 13 有価証券

CHAPTER 14−❶／3問

デリバティブ取引①

解答解説 174ページ

次の［資料］にもとづいて、以下の各問に答えなさい。なお、答案用紙の（　）に記入すべき金額がない場合は「－」を記入すること。

当期は×4年３月31日に終了する１年間である。

［資料Ⅰ］決算整理前残高試算表

決算整理前残高試算表

×4年３月31日　　（単位：千円）

借方科目	金額	貸方科目	金額
現金預金	200,000	仮受金	各自推定
支払利息	3,500	借入金	100,000
先物損益	各自推定		

［資料Ⅱ］決算整理事項等

１．債券先物取引

⑴　×3年１月１日において、債券先物市場で×3年６月限月の債券先物3,000口を売り建てている。なお、契約時の債券先物価格は@100千円であり、前期末時点における債券先物価格は@98千円である。委託証拠金については無視すること。

⑵　×3年５月15日に×3年６月限月の債券先物3,000口を@95千円で買い建て、差金決済を行ったが、決済日の会計処理が行われていない。

２．金利スワップ取引

⑴　×3年４月１日において、銀行から変動金利による借入れ100,000千円を期間５年で行った。なお、利払日は毎年３月31日である。

⑵　当該借入れと同時に変動金利リスクを避けるため、Y社と想定元本100,000千円、期間５年、金利交換日毎年３月31日、３％の固定金利支払、変動金利受取のスワップ契約を締結した。

⑶　金利交換日（×4年３月31日）における変動金利は3.5％であった。また、当該受払額について、期中は仮受金として処理している。

⑷　期末における金利スワップ契約の時価は2,300千円（正味の債権）であった。

問１　当期の損益計算書（一部）を作成しなさい。
問２　答案用紙にある貸借対照表の勘定科目の金額を答えなさい。

デリバティブ取引②

☞解答解説 177ページ

次の［資料］にもとづいて、以下の各問に答えなさい。答案用紙の（　）に記入すべき金額がない場合は「－」を記入すること。なお、当期は×3年３月31日を決算日とする１年間である。また、ヘッジ取引はすべてヘッジ会計の要件を満たしている。

［資　料］

1．(1)　×2年11月１日にＡ社社債を52,000千円（500千口、@104円）で取得しており、その他有価証券として保有している。なお、同日にＡ社社債の価格変動リスクをヘッジするため、債券先物市場において債券先物500千口の売建取引を行っている。

(2)　Ａ社社債および債券先物の時価は以下のとおりである。

	Ａ社社債	債券先物
×2年11月１日	@104円	@111円
×3年３月31日	@101円	@109円

(3)　その他有価証券の評価差額については全部純資産直入法による。

2．(1)　×2年４月１日に借入れ240,000千円（借入期間３年、利払日３月31日、利率TIBOR＋2.2％）を行っている。なお、借入れと同時にキャッシュフロー変動リスクをヘッジするため、金利スワップ契約（想定元本240,000千円、契約期間３年、金利交換日毎年３月31日、支払利率2.1％、受取利率TIBOR）を行っている。

(2)　×3年３月31日におけるTIBORは1.8％、金利スワップの時価は1,360千円（正味の債務）である。

3．ヘッジ会計の適用にあたっては、繰延ヘッジを採用する。

4．税効果会計は無視する。

問１　×2年度の貸借対照表（一部）と損益計算書（一部）を作成しなさい。

問２　仮にＡ社社債について時価ヘッジを採用した場合における、×2年度の貸借対照表（一部）と損益計算書（一部）を作成しなさい。

CHAPTER 14−❸／3問

理論問題

☞解答解説 181ページ

次の文章の空欄（ア～オ）に当てはまる適当な語句を答案用紙に記入しなさい。

1．デリバティブ取引は、主に先物取引、スワップ取引、（　ア　）の3つに分類される。

2．デリバティブ取引により生じる正味の債権および債務は、（　イ　）をもって貸借対照表価額とし、評価差額は、原則として（　ウ　）として処理する。

3．ヘッジ会計のうち、ヘッジ対象の損益をその変動時に計上するのを（　エ　）、ヘッジ手段の損益計上をヘッジ対象の損益計上に合わせるのを（　オ　）という。

日商１級　商業簿記・会計学１
解答解説編

CHAPTER 01－❶／2問

企業会計原則①

解答

ア	イ	ウ
正当な理由	原則及び手続	正規の簿記
エ	オ	カ
簡便な方法	一般原則	貸借対照表原則

解説

企業会計原則に関する各原則について問う問題です。

1．継続性の原則（企業会計原則　第5、注3）

企業会計は、（ **正当な理由** ）により変更を行う場合を除き、その処理の（ **原則及び手続** ）を毎期継続して適用し、みだりにこれを変更してはならない。これを継続性の原則という。

2．正規の簿記の原則（企業会計原則　第2、注1）

企業会計は、すべての取引につき、（ **正規の簿記** ）の原則に従って、正確な会計帳簿を作成しなければならないが、重要性の乏しいものについては、本来の厳密な会計処理によらないで他の（ **簡便な方法** ）によることも認められる。

3．企業会計原則

企業会計原則とは、わが国の企業会計の基本的なルールを定めたもので、（ **一般原則** ）、損益計算書原則、（ **貸借対照表原則** ）の3つから構成されている。

企業会計原則②

解答

1	2	3
エ	オ	ア
4	5	
ケ	カ	

解説

1．真実性の原則（企業会計原則　第１）

真実の内容は、見積りにより異なるという相対的なものとなる。また、採用する会計処理が異なれば、会計数値も異なる。そのため、真実の内容は**相対的**なものとなる。

2．保守主義の原則（企業会計原則　第６）

企業の財政に不利な影響を及ぼす可能性がある場合には、これに備えて適当に**健全な会計処理**をしなければならない。

3．明瞭性の原則（企業会計原則　第４、注１－２、注１－３、注１－４）

企業会計は、財務諸表によって、利害関係者に対し必要な会計事実を明瞭に表示し、企業の状況に関する判断を誤らせないようにしなければならず、必要に応じて重要事項の**注記**を行わなければならない。

4．単一性の原則（企業会計原則　第７）

株主総会提出のため、信用目的のため、租税目的のため等種々の目的のために**異なる形式の財務諸表**を作成する必要がある場合、それらの内容は、信頼しうる会計記録に基づいて作成されたものであって、政策の考慮のために事実の真実な表示をゆがめてはならない。

5．資本取引・損益取引区分の原則（企業会計原則　第３、注２）

企業会計は、企業の財政状態及び経営成績を適正に反映するため、資本取引と損益取引とを明瞭に区分し、特に**資本剰余金と利益剰余金**とを混同してはならない。

CHAPTER 03　収益の認識基準

CHAPTER 03－❶／5問　収益の認識基準①

解答

（単位：円）

借方科目	金額	貸方科目	金額
現金預金	20,000	売上	19,400
		返金負債	600
売上原価	14,550	商品	15,000
返品資産	450		

解説

本問は返品権付き販売の問題です。返品されると見込まれる商品については、収益を認識せず返金負債を認識するため、収益は返品されると見込まれる商品の対価の額を除いて算定します。

1　収益の計上

販売したもののうち、返品されると見込まれる商品Aのうち30個分については収益とせず、それ以外の970個（＝1,000個－30個）分の収益を計上します。

また、返品されると見込まれる商品A30個分については、返金負債を計上します。

（現金預金）	20,000	（売上）	19,400＊1
		（返金負債）	600＊2

＊1　@20円×(1,000個－30個)＝19,400円

＊2　@20円×30個＝600円

2 原価の計上

返金負債の決済時に顧客から商品Aを回収する権利について、返品資産を計上します。

（売上原価）	14,550*1	（商品）	15,000
（返品資産）	450*2		

＊1　@15円×970個＝14,550円

＊2　@15円×30個＝450円

この問題のポイントはこれ!!

▶　**返金負債と返品資産の違いを理解しているか？**

・**返金負債**：顧客から受け取る対価のうち、返金することが見込まれる額を表す負債勘定。

・**返品資産**：返金負債の決済時に顧客から商品を回収する権利をいい、回収が見込まれる資産の額を表す資産勘定。

収益の認識基準②

解答

決算整理後残高試算表　　（単位：円）

	契約負債	（18,682）
	売上	（2,981,318）

解説

本問はカスタマー・ロイヤルティ・プログラム（追加の財またはサービスを取得するオプションの付与）の問題です。

1 商品販売時

履行義務への取引価格の配分は、取引開始日の独立販売価格の比率で行うこととされており、追加の財またはサービスを取得するオプションの独立販売価格を直接観察できない場合には、オプションの行使時に顧客が得られるであろう値引きについて、オプションが行使される可能性を考慮して当該オプションの独立販売価格を見積ります。

また、受け取った対価のうち、企業が権利を得ると見込まない額は「契約負債」として認識します。

（現金預金）	3,000,000	（売上）	2,949,853＊1
		（契約負債）	50,147＊2

＊1　$3,000,000円 \times \dfrac{3,000,000円}{3,000,000円 + 51,000円^{*3}} \fallingdotseq 2,949,853円$

＊2　$3,000,000円 \times \dfrac{51,000円^{*3}}{3,000,000円 + 51,000円^{*3}} \fallingdotseq 50,147円$

＊3　51,000ポイント×1円＝51,000円

2 ポイント使用時

将来の財またはサービスが移転するとき、あるいは当該オプションが消滅するときに収益を認識します。

(契　約　負　債)	31,465	(売　　　　上)	31,465*

＊　$50,147円 \times \frac{32,000ポイント}{51,000ポイント} \fallingdotseq 31,465円$

後T/B 売上：2,949,853円＋31,465円＝2,981,318円

後T/B 契約負債：50,147円－31,465円＝18,682円

この問題のポイントはこれ!!

▶ **カスタマー・ロイヤルティ・プログラムにおける契約負債について理解しているか？**

⇒商品販売時、企業が受け取った対価のうち将来の履行義務部分を収益計上せず**契約負債**として負債を計上する。

⇒ポイント使用時、使用されたポイントに対応する契約負債の金額を取り崩し、同額を**売上**として計上する。

収益の認識基準③

解答

139,500	円

解説

本問は収益認識のSTEP4「履行義務に取引価格を配分」およびSTEP5「履行義務の充足により収益を認識」に関する問題です。

1 取引価格の配分

本契約には工作機械甲の引渡しと保守・点検サービスの提供という2つの履行義務が含まれています。

また資料3より本契約の取引価格は180,000円となるので、これを工作機械甲の独立販売価格と保守・点検サービスの独立販売価格で配分します。

(現金預金)	180,000	(売上)	135,000*1
		(契約負債)	45,000*2

＊1　$180{,}000円 \times \dfrac{150{,}000円}{150{,}000円 + 50{,}000円} = 135{,}000円$

＊2　$180{,}000円 \times \dfrac{50{,}000円}{150{,}000円 + 50{,}000円} = 45{,}000円$

2 収益の認識

保守・点検サービスの提供は、一定の期間にわたり履行義務が充足されていくものと考えられるので、進捗度に応じて収益を認識します。

(契約負債)	4,500	(売上)	4,500*

＊　$45{,}000円 \times \dfrac{6か月}{60か月} = 4{,}500円$

3 当期の収益

本取引について計上する当期の収益：135,000円＋4,500円＝139,500円

この問題のポイントはこれ!!

▶ **履行義務の違い、収益の認識時点の違いを理解しているか？**

⇒工作機械の引渡し：販売時点で履行義務が充足するため、販売時点で**売上**を計上する。

⇒保守・点検サービスの提供：一定の期間にわたり履行義務が充足されていくため、販売時点で**契約負債**を計上する。その後一定期間にわたり契約負債を取り崩し、**売上**を計上する。

収益の認識基準④

解答

問１

（単位：円）

借方科目	金額	貸方科目	金額
現金預金	500,000	売上	500,000
売上原価	400,000	商品	400,000

問２

（単位：円）

借方科目	金額	貸方科目	金額
現金預金	500,000	買掛金	400,000
		受取手数料	100,000

解説

本人と代理人を区分し、その処理の違いを答える問題です。本人か代理人かの判定は問題文に明記されていないため、読み解く必要があります。

問１　本人に該当する場合

販売時まで当社が商品Aを所有しており、商品Aに関するリスクおよび保管管理責任を当社が負っているため、当社は本人であると判定できます。

本人として販売した場合は、顧客からの販売代金を収益認識し、売上として計上します。

また、本問は売上原価対立法を採用しているため、販売した商品の原価を売上原価に振り替えます。

売上：500,000円
顧客への販売代金

売上原価：400,000円
商品Ａの原価

問2　代理人に該当する場合

販売時までX社が商品Aを所有しており、商品Aに関するリスクおよび保管管理責任をX社が負っているため、当社は代理人であると判定できます。

代理人として販売した場合は、「売上高」および「売上原価」を計上せずに、顧客から受け取った額からX社に支払う額を控除した純額を「受取手数料」として収益計上します。

なお、後ほどX社に支払う額は買掛金として負債計上します。

現金：500,000円
顧客への販売額

買掛金：500,000円×80％＝400,000円
顧客への販売額

受取手数料：貸借差額

この問題のポイントはこれ!!

①　本人と代理人の違いを理解しているか？

⇒本　人：商品を所有しており、商品に関するリスクを負っている。
⇒代理人：商品を所有しておらず、商品に関するリスクを負っていない。

②　本人と代理人の処理の違いを理解しているか？

⇒本　人：本人の特徴を表すために**総額**で収益を計上している。
⇒代理人：代理人の特徴を表すために**純額**で収益を計上している。

理論問題

解答

ア	イ	ウ
履行義務	変動対価	契約資産
エ	オ	
契約負債	返金負債	

解説

本問は「収益認識に関する会計基準」に関する文章の穴埋め問題です。

1．顧客との契約において、別個の財又はサービスや、一連の別個の財又はサービスのいずれかを顧客に移転する約束を（ **履行義務** ）という（「収益認識に関する会計基準」7）。

2．顧客と約束した対価のうち変動する可能性のある部分を（ **変動対価** ）という（「収益認識に関する会計基準」50）。

3．企業が顧客に移転した財又はサービスと交換に受け取る対価に対する企業の権利（ただし、顧客との契約から生じた債権を除く）を（ **契約資産** ）という（「収益認識に関する会計基準」10）。

4．財又はサービスを顧客に移転する企業の義務に対して、企業が顧客から対価を受け取ったもの又は対価を受け取る期限が到来しているものを（ **契約負債** ）という（「収益認識に関する会計基準」11）。

5．顧客から受け取った又は受け取る対価の一部あるいは全部を顧客に返金すると見込む場合、受け取った又は受け取る対価の額のうち、企業が権利を得ると見込まない額について、（ **返金負債** ）を認識する（「収益認識に関する会計基準」53）。

CHAPTER 04　工事契約（建設業会計）

CHAPTER 04－❶／3問　工事契約①

解答

問１

（単位：円）

	×1年度	×2年度	×3年度
工　事　収　益	128,000	152,000	120,000
工　事　原　価	96,000	114,000	98,000

問２

（単位：円）

	×1年度	×2年度	×3年度
工　事　収　益	96,000	114,000	190,000
工　事　原　価	96,000	114,000	98,000

解説

本問は、収益認識に関する会計基準を適用した場合の会計処理を確認する問題です。

問１　履行義務の充足に係る進捗度を合理的に見積ることができる場合

1　工事収益

履行義務の充足に係る進捗度を合理的に見積ることができる場合、原価比例法をもとに算定した工事進捗度で計算します。

(1)　×1年度

400,000円（工事収益総額）×0.32＊1（工事進捗度）＝128,000円

$$*1\quad \frac{\text{決算日までに発生した工事原価96,000円}}{\text{工事原価総額（見積額）300,000円}}=0.32$$

(2) ×2年度

400,000円 × 0.7[*2] − 128,000円 = 152,000円
工事収益総額　工事進捗度　過年度の工事収益

＊2 $\frac{\text{決算日までに発生した工事原価（96,000円＋114,000円）}}{\text{工事原価総額（見積額）300,000円}}$ = 0.7

(3) ×3年度

400,000円 − (128,000円 + 152,000円) = 120,000円
工事収益総額　過年度の工事収益

2 工事原価

各年度における実際工事原価が、各年度の工事収益に対応する工事原価になります。

(1) ×1年度

96,000円（実際工事原価）

(2) ×2年度

114,000円（実際工事原価）

(3) ×3年度

98,000円（実際工事原価）

問2　履行義務の充足に係る進捗度を合理的に見積ることができない場合

1 工事収益

原価回収基準をもとに算定します。

(1) ×1年度

96,000円（実際工事原価と同額）

(2) ×2年度

114,000円（実際工事原価と同額）

(3) ×3年度

400,000円 − 96,000円 − 114,000円 = 190,000円
工事収益総額　×1年度　×2年度

2 工事原価

(1) ×1年度

96,000円（実際工事原価）

(2) ×2年度

114,000円（実際工事原価）

(3) ×3年度

98,000円（実際工事原価）

この問題のポイントはこれ!!

▶ 見積りの変更が行われていないことを把握できたか？

工事原価総額（見積額）と実際工事原価合計が乖離しているが、見積り（工事原価総額）の変更は行われていないため、**当初の見積額**をベースに進捗度を計算する。

工事契約②

解答

損益計算書	
自×5年4月1日　至×6年3月31日	(単位：円)
Ⅰ　工事収益	(225,000)
Ⅱ　工事原価	(180,000)
工事利益	(45,000)

解説

本問は、見積りの変更を含む工事契約の損益計算書作成問題です。

1　工事収益

当期発生原価：78,360円（直接材料費）＋47,520円（直接労務費）＋54,120円（直接経費）＝180,000円

過年度の工事収益：750,000円（契約日工事収益総額）× $\frac{\text{決算日までに発生した工事原価270,000円}}{\text{契約日工事原価総額（見積額）600,000円}}$

＝337,500円

当期工事収益：900,000円（変更後工事収益総額）× $\frac{\text{決算日までに発生した工事原価（過年度270,000円＋当期180,000円）}}{\text{変更後工事原価総額（見積額）720,000円}}$

−337,500円（過年度の工事収益累計額）＝225,000円

2　工事原価

78,360円（直接材料費）＋47,520円（直接労務費）＋54,120円（直接経費）＝180,000円

この問題のポイントはこれ!!

▶　**工事原価総額（見積額）と工事収益総額を変更したときの計算を理解しているか？**

・工事原価総額（見積額）変更後の工事進捗度＝$\dfrac{\text{決算日までに発生した工事原価}}{\text{変更後見積工事原価総額}}$

・工事収益総額変更後の当期の工事収益＝変更後工事収益総額×変更後の工事進捗度－過年度の工事収益

工事契約③

解答

問1

損益計算書
自×5年4月1日　至×6年3月31日

(単位:円)

Ⅰ 工事収益	(115,200)
Ⅱ 工事原価	(126,440)
工事利益	(△11,240)

問2

損益計算書
自×6年4月1日　至×7年3月31日

(単位:円)

Ⅰ 工事収益	(50,400)
Ⅱ 工事原価	(50,400)
工事利益	(0)

解説

本問は、工事契約から損失が見込まれる場合があるときの損益計算書を作成する問題です。

1 工事収益

(1) ×4年度(参考)

×4年度工事進捗度:$\dfrac{\text{決算日までに発生した工事原価73,160円}}{\text{工事原価総額(見積額)236,000円}}=0.31$

240,000円(工事収益総額) × 0.31(工事進捗度) =74,400円

(2) ×5年度

×5年度工事進捗度:$\dfrac{\text{決算日までに発生した工事原価(73,160円+124,340円)}}{\text{工事原価総額(見積額)250,000円}}$

=0.79

240,000円 × 0.79 − 74,400円 = 115,200円
工事収益総額　工事進捗度　過年度の工事収益

(3)　×6年度

240,000円 − (74,400円 + 115,200円) = 50,400円
工事収益総額　過年度の工事収益

2 工事原価

(1)　×4年度（参考）

73,160円
発生工事原価

(2)　×5年度

124,340円 + 2,100円[*1] = 126,440円
発生工事原価　工事損失引当金繰入額

＊1　△10,000円[*2] − (1,240円 − 9,140円) = △2,100円
見積工事損失　計上損益累計額△7,900円[*3]

または、

50,400円[*4]（工事収益）− 52,500円（×6年度発生工事原価）= △2,100円
×6年度の見積工事損失

＊2　240,000円 − 250,000円 = △10,000円
工事収益総額　工事原価総額（見積額）

＊3　74,400円 − 73,160円 = 1,240円
×4年度工事収益　×4年度工事原価　×4年度工事利益

115,200円 − 124,340円 = △9,140円
×5年度工事収益　×5年度工事原価　×5年度工事損失

（合計）△7,900円

＊4　240,000円 − 74,400円 − 115,200円 = 50,400円
工事収益総額　×4年度工事収益　×5年度工事収益

なお、工事損失引当金繰入額は損益計算書上、売上原価（工事原価）に含めて計上します。

(3)　×6年度

52,500円 − 2,100円 = 50,400円
発生工事原価　工事損失引当金戻入額

なお、工事損失引当金戻入額は損益計算書上、売上原価（工事原価）に含めて計上します。

この問題のポイントはこれ!!

▶ **工事損失引当金の計上ができたか？**

・工事損失引当金＝工事契約全体で見込まれる工事損失－当期までの工事損益

CHAPTER 05 一般商品売買

CHAPTER 05－❶／10問　一般商品売買①

解答

問1　64 %

問2

損益計算書　(単位：円)

Ⅰ 売上高		(2,925,000)
Ⅱ 売上原価		
1．期首商品棚卸高	(300,000)	
2．当期商品仕入高	(1,814,400)	
合計	(2,114,400)	
3．期末商品棚卸高	(242,400)	(1,872,000)
売上総利益		(1,053,000)

解説

原価率の算定と損益計算書（一部）を作成する問題です。

売上原価、売上高をもとに原価率の算定を行います。

1 決算整理仕訳

決算整理仕訳を示すと、以下のとおりです。

(仕入)	300,000	(繰越商品)	300,000
(繰越商品)	242,400	(仕入)	242,400

2 原価率の算定

$$原価率：\frac{期首300,000円＋当期仕入1,814,400円－期末242,400円}{売上高2,925,000円}＝0.64$$

商　　品

期首　300,000円	売上原価 ∴ 1,872,000円
当期仕入　1,814,400円	
	期末　242,400円

原価率 0.64

1,872,000円 ←→ 2,925,000円

この問題のポイントはこれ!!

▶ **原価率の算定方法を理解しているか？**

原価率＝原価÷売価

一般商品売買②

解答

問１　損益勘定（一部）

損　　益　（単位：円）

(仕　　入)	(1,915,000)	(売　　上)	(2,585,000)
(販　売　費)	(　210,000)	(仕入割引)	(　15,000)

問２　損益計算書（経常利益まで）

損益計算書　（単位：円）

Ⅰ　売　上　高		(2,585,000)
Ⅱ　売上原価		
1．期首商品棚卸高	(780,000)	
2．当期商品仕入高	(1,775,000)	
合　　計	(2,555,000)	
3．期末商品棚卸高	(640,000)	(1,915,000)
売上総利益		(670,000)
Ⅲ　販売費及び一般管理費		
1．販　売　費		(210,000)
営業利益		(460,000)
Ⅳ　営業外収益		
1．(仕入割引)		(15,000)
経常利益		(475,000)

解説

仕入戻し、仕入割戻および仕入割引の処理についての問題です。仕入割引は営業外収益になる点に注意しましょう。

1 仕入の修正（仕入戻し、仕入割戻）

仕入戻し、仕入割戻について、期中に次のような仕訳を行っています。

（買　掛　金）	145,000	（仕 入 戻 し）	145,000
（買　掛　金）	80,000	（仕 入 割 戻）	80,000

三分法における仕入戻し、仕入割戻の正しい仕訳は次のとおりです。

（買　掛　金）	145,000	（仕　　　入）	145,000
（買　掛　金）	80,000	（仕　　　入）	80,000

そこで、三分法における仕入になるように修正します。

（仕 入 戻 し）	145,000	（仕　　　入）	145,000
（仕 入 割 戻）	80,000	（仕　　　入）	80,000

この結果、仕入勘定は次のようになります。

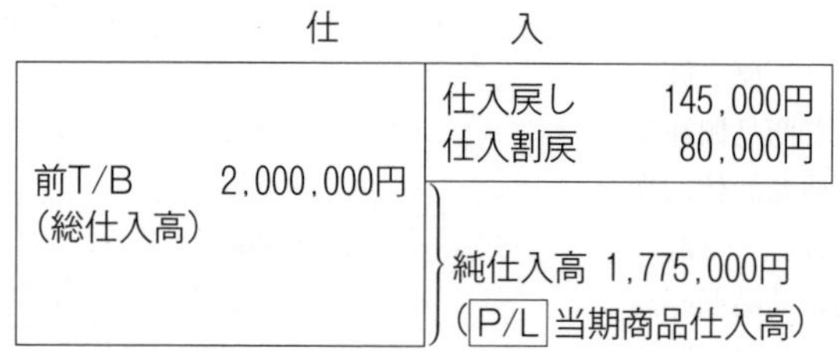

P/L 当期商品仕入高：2,000,000円－（145,000円＋80,000円）＝1,775,000円

2 売上原価の計算

仕入勘定で売上原価を算定します。

(仕　　　　　入)	780,000	(繰　越　商　品)	780,000
(繰　越　商　品)	640,000	(仕　　　　　入)	640,000

この結果、繰越商品勘定および仕入勘定は次のようになります。

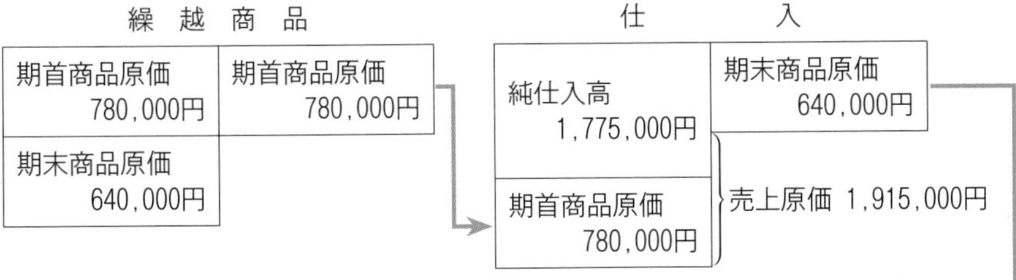

3 決算振替仕訳（損益勘定への振替え）

決算振替仕訳は、決算整理後に行われます。したがって、損益勘定の仕入は売上原価を示します。

(売　　　　　上)	2,585,000	(損　　　　　益)	2,600,000
(仕　入　割　引)	15,000		
(損　　　　　益)	2,125,000	(仕　　　　　入)	1,915,000
		(販　　売　　費)	210,000

この問題のポイントはこれ!!

① 仕入戻し・仕入割戻・仕入割引の会計処理を理解しているか？

⇒仕入戻し・仕入割戻：**仕入を取り消す**

⇒仕入割引：**仕入割引（収益）**

② 仕入戻し・仕入割戻・仕入割引のＰ/Ｌ上の表示を理解しているか？

⇒仕入戻し・仕入割戻：**総仕入高から控除**して純額で表示

⇒仕入割引：**営業外収益**

一般商品売買③

解答

損 益 計 算 書 （単位：円）

Ⅰ 売 上 高		（ 483,000 ）
Ⅱ 売 上 原 価		
1．期首商品棚卸高	（ 40,000 ）	
2．当期商品仕入高	（ 400,000 ）	
合 計	（ 440,000 ）	
3．期末商品棚卸高	（ 20,000 ）	（ 420,000 ）
売 上 総 利 益		（ 63,000 ）
Ⅲ 販売費及び一般管理費		
1．販 売 費		（ 8,500 ）
営 業 利 益		（ 54,500 ）
Ⅳ 営 業 外 収 益		
1．（仕 入 割 引）		（ 500 ）
経 常 利 益		（ 55,000 ）

解説

仕入割引の修正仕訳を行い、損益計算書（経常利益まで）を完成させる問題です。

1 仕入割引

仕入割引について、期中に次のような仕訳を行っています。

（買 掛 金）	500	（仕 入）	500

三分法における仕入割引の正しい仕訳は次のとおりです。

（買 掛 金）	500	（仕 入 割 引）	500

仕入割引は営業外収益で処理をするので、決算において仕入勘定を調整します。

（仕 入）	500	（仕 入 割 引）	500

この結果、仕入勘定は次のようになります。

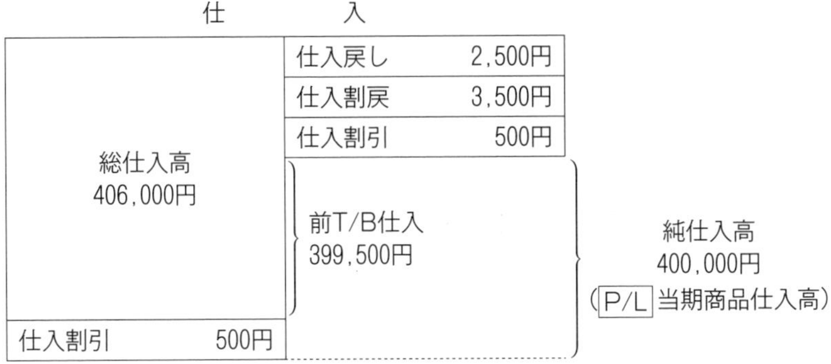

P/L 当期商品仕入高：399,500円＋500円＝400,000円

P/L 仕入割引（営業外収益）：500円

2 売上原価と期末商品の推定

売上高と原価率をもとに、売上原価と期末商品棚卸高を算定します。

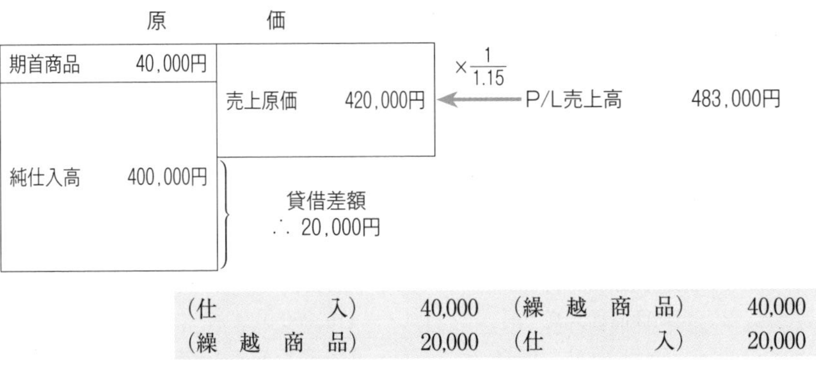

（仕　　　　入）	40,000	（繰　越　商　品）	40,000
（繰　越　商　品）	20,000	（仕　　　　入）	20,000

P/L 期末商品棚卸高：40,000円＋400,000円－420,000円＝20,000円

この問題のポイントはこれ!!

① 修正するのは仕入割引の会計処理だけであることを理解しているか？

⇒仕入戻し・仕入割戻：**仕入を取り消す**

⇒仕入割引：**仕入割引（収益）**

② 付加率の算定方法を理解しているか？

付加率＝利益÷原価

解答

問1

損益計算書		
自×1年4月1日　至×2年3月31日		(単位：円)
Ⅰ　売　　上　　高		(760,000)
Ⅱ　売　上　原　価		
1．期首商品棚卸高	(60,000)	
2．当期商品仕入高	(560,000)	
合　　計	(620,000)	
3．期末商品棚卸高	(50,000)	(570,000)
売上総利益		(190,000)
Ⅲ　販売費及び一般管理費		
1．棚卸減耗費		(2,000)
営業利益		(188,000)

問2

損益計算書		
自×1年4月1日　至×2年3月31日		(単位：円)
Ⅰ　売　　上　　高		(168,000)
Ⅱ　売　上　原　価		
1．期首商品棚卸高	(60,000)	
2．当期商品仕入高	(116,000)	
合　　計	(176,000)	
3．期末商品棚卸高	(50,000)	(126,000)
売上総利益		(42,000)
Ⅲ　販売費及び一般管理費		
1．棚卸減耗費		(2,000)
営業利益		(40,000)

解説

本問は総記法に関する問題です。

問1

1 商品売買益の算定

前T/B商品勘定が貸方残高であるため、期末商品帳簿棚卸高に前T/B商品勘定を足して、商品売買益を計算します。

(商　　品)	190,000	(商品売買益)	190,000
(棚卸減耗費)	2,000	(商　　品)	2,000

商品売買益：期末商品帳簿棚卸高50,000円
　　　　　　＋前T/B商品（貸方）140,000円＝190,000円

P/L 棚卸減耗費：期末商品帳簿棚卸高50,000円
　　　　　　－期末商品実地棚卸高48,000円＝2,000円

商品ボックス図を使って売上高や当期仕入を求めます。

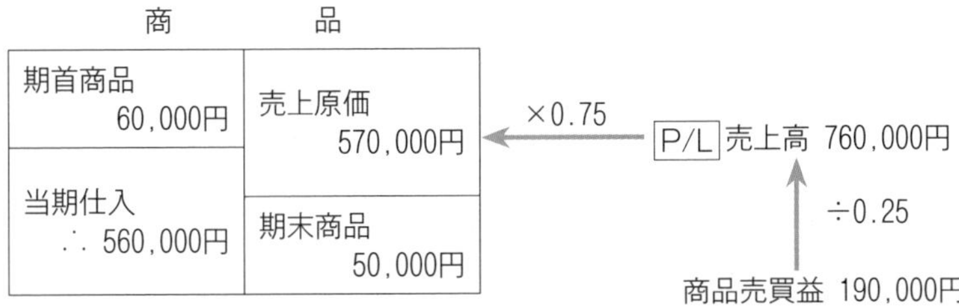

問2

1 商品売買益の算定

前T/B商品勘定が借方残高であるため、期末商品帳簿棚卸高から前T/B商品勘定を引いて、商品売買益を計算します。

(商　　品)	42,000	(商品売買益)	42,000
(棚卸減耗費)	2,000	(商　　品)	2,000

CH 05 一般商品売買

商品売買益：期末商品帳簿棚卸高50,000円

　　　　　－前T/B商品（借方）8,000円＝42,000円

P/L 棚卸減耗費：期末商品帳簿棚卸高50,000円

　　　　　－期末商品実地棚卸高48,000円＝2,000円

商品ボックス図を使って売上高や当期仕入を求めます。

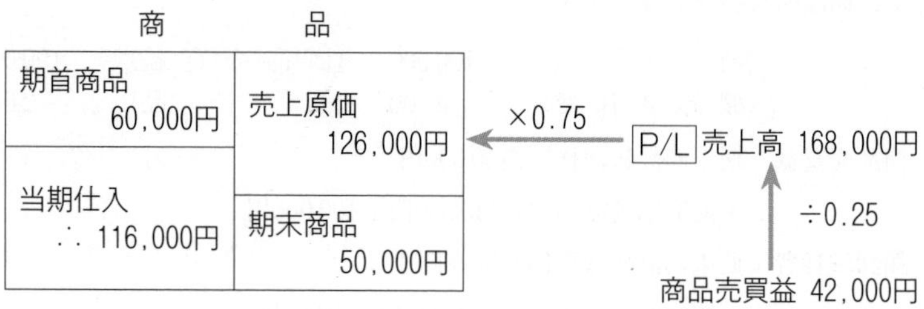

この問題のポイントはこれ!!

① 総記法の特徴を理解しているか？

・商品勘定のみで期中の商品売買取引を記帳。

・仕入時は**原価で商品勘定の借方**に、販売時は**売価で商品勘定の貸方**に記帳。

・前T/B商品は、原価と売価が混ざって記帳されて無意味な残高となっている。

② 総記法における決算時の処理を理解しているか？

利益に相当する金額を**商品勘定の借方**と**商品売買益勘定の貸方**に記入し、商品勘定を期末商品棚卸高に調整する。

③ 期末商品棚卸高が判明しているときの商品売買益(利益)の求め方を理解しているか？

・貸方残高の場合⇒商品売買益＝期末商品棚卸高＋商品勘定の貸方残高

・借方残高の場合⇒商品売買益＝期末商品棚卸高－商品勘定の借方残高

期末商品の評価①

解答

損益計算書　(単位：円)

Ⅰ 売上高		(2,806,000)
Ⅱ 売上原価		
1. 期首商品棚卸高	(240,900)	
2. 当期商品仕入高	(1,755,000)	
合計	(1,995,900)	
3. 期末商品棚卸高	(172,000)	
差引	(1,823,900)	
4. (商品評価損)	(5,780)	(1,829,680)
売上総利益		(976,320)
Ⅲ 販売費及び一般管理費		
1. (棚卸減耗費)		(1,600)
営業利益		(974,720)
Ⅳ 営業外収益		
1. (仕入割引)		(5,000)
経常利益		(979,720)

解説

棚卸資産について、棚卸減耗費や商品評価損がある場合の損益計算書作成問題です。勘定分析やボックス図を用いて、金額を算定します。

1 仕入割引

仕入割引は営業外収益に計上します。

(仕入)	5,000	(仕入割引)	5,000

P/L 当期商品仕入高：1,750,000円＋5,000円＝1,755,000円

P/L 仕入割引（営業外収益）：5,000円

2 売上原価と期末商品の推定

(1) 売上原価と期末商品の推定

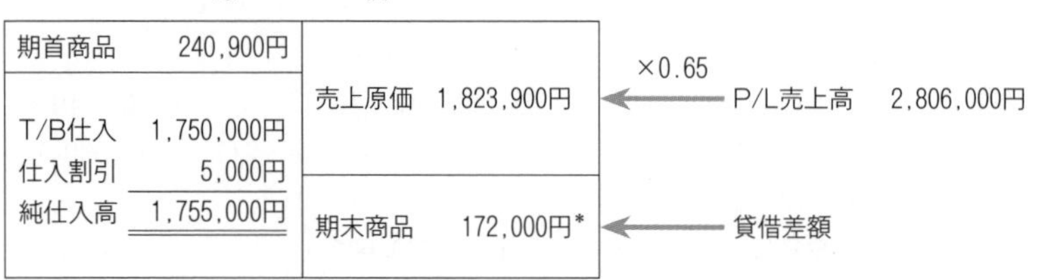

＊　240,900円＋1,755,000円－1,823,900円＝172,000円

帳簿棚卸単価：172,000円÷2,150個＝@80円

(仕　　　入)	240,900	(繰 越 商 品)	240,900
(繰 越 商 品)	172,000	(仕　　　入)	172,000

(2) 期末商品の評価

P/L 期末商品棚卸高：@80円×2,150個＝172,000円

P/L 棚卸減耗費：@80円×(2,150個－2,130個)＝1,600円

P/L 商品評価損：(@80円－@40円)×40個＝1,600円
　　　　　　　　(@80円－@78円)×2,090個＝4,180円 } 5,780円

商品（B/S価額）：@78円×2,090個＋@40円×40個＝164,620円

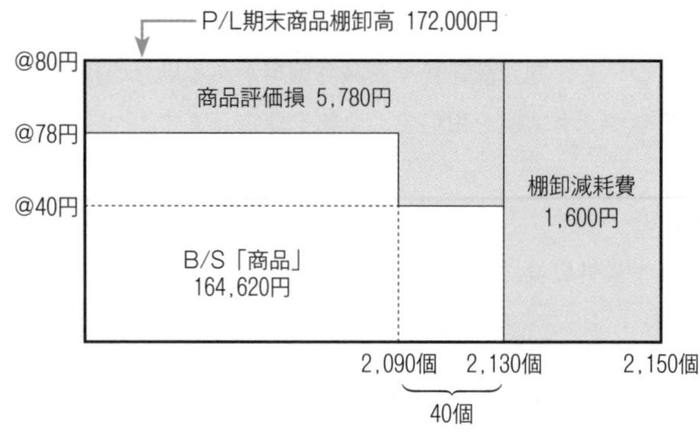

(棚 卸 減 耗 費)	1,600	(繰 越 商 品)	7,380
(商 品 評 価 損)	5,780		

(仕　　　入)	5,780	(商 品 評 価 損)	5,780

この問題のポイントはこれ!!

① **仕入割引に関する誤処理を修正できたか？**

仕入から控除されている**仕入割引（収益）**を修正する。

② **商品評価損の算定方法を理解しているか？**

良品と**品質低下品**は単価が異なるので区別して算定する。

期末商品の評価②

解答

損益計算書　（単位：円）

Ⅰ　売　上　高		（　500,000　）
Ⅱ　売　上　原　価		
1．期首商品棚卸高	（　24,000　）	
2．当期商品仕入高	（　332,800　）	
合　計	（　356,800　）	
3．期末商品棚卸高	（　38,400　）	
差　引	（　318,400　）	
4．（棚卸減耗費）	（　4,800　）	
5．（商品評価損）	（　3,150　）	（　326,350　）
売上総利益		（　173,650　）

解説

損益計算書作成問題です。売掛金、受取手形の勘定を分析し、売上高を推定します。次に、売上原価の計算を行い、期末商品の評価にかかる仕訳を行います。

1　売上高の推定

本問では、売掛金と受取手形の増減の内訳が不明なため、受取手形と売掛金を1つにまとめて売上を推定します。

受取手形・売掛金

借方		貸方	
期首 60,000円｛受取手形	28,000円	現金預金	462,000円
売掛金	32,000円		
売上（貸借差額）	500,000円	受取手形	47,000円
		売掛金	51,000円｝期末 98,000円

P/L　売上高：500,000円

したがって、当期販売数量は、500,000円（売上高）÷@500円＝1,000個となります。

なお、売上がすべて掛けで行われた後に、受取手形で回収していると仮定し、売上を推定することもできます。

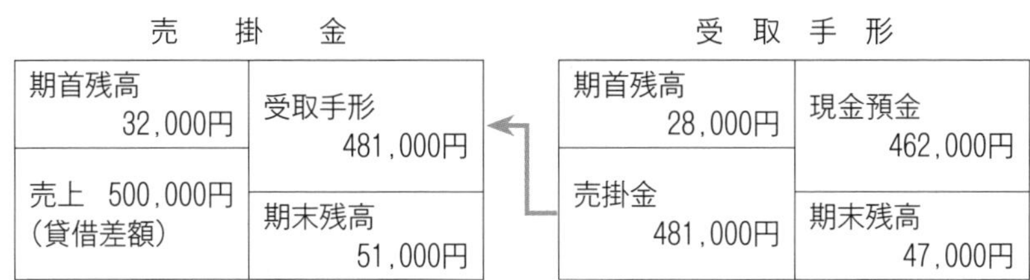

2 売上原価の計算

原　価

借方	貸方	
期首@300円×80個＝　24,000円	売上原価（貸借差額）　318,400円	販売数量 1,000個
仕入@320円×1,040個 ＝332,800円	期末@320円×120個＝ 38,400円	期末帳簿数量 120個

借方	金額	貸方	金額
（仕　　　　入）	24,000	（繰　越　商　品）	24,000
（繰　越　商　品）	38,400	（仕　　　　入）	38,400

3 期末商品の評価

P/L 期末商品棚卸高：@320円×120個＝38,400円

P/L 棚 卸 減 耗 費：@320円×（120個－105個）＝4,800円

P/L 商 品 評 価 損：（@320円－@290円）×105個＝3,150円

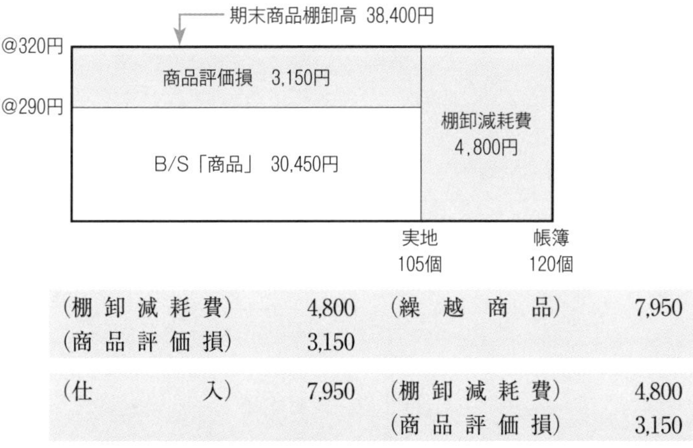

借方	金額	貸方	金額
（棚 卸 減 耗 費）	4,800	（繰　越　商　品）	7,950
（商 品 評 価 損）	3,150		

借方	金額	貸方	金額
（仕　　　　入）	7,950	（棚 卸 減 耗 費）	4,800
		（商 品 評 価 損）	3,150

この問題のポイントはこれ!!

▶ **問題文から販売数量（商品の払出数量）を推定できたか？**

・売上高を把握するのに、**売上債権（売掛金・受取手形）の増減の内訳は不要。**

・複数の情報を１つにまとめて推定することがある点をおさえる。

売価還元法①

解答

損益計算書 (単位：円)

Ⅰ 売上高		(4,700,000)
Ⅱ 売上原価		
1．期首商品棚卸高	(1,020,000)	
2．当期商品仕入高	(3,258,000)	
合計	(4,278,000)	
3．期末商品棚卸高	(1,035,000)	
差引	(3,243,000)	
4．棚卸減耗費	(69,000)	
5．商品評価損	(16,000)	(3,328,000)
売上総利益		(1,372,000)

貸借対照表 (単位：円)

商品	(950,000)	

解説

損益計算書と貸借対照表（一部）を作成する問題です。売価還元法により原価率を算定します。算定した原価率をもとに、売上原価等の算定を行い、損益計算書および貸借対照表を完成させます。

1 原価率の算定

売価合計、原価合計をもとに原価率を算定します。算定された原価率を用いて、期末商品売価より期末商品原価を算定します。

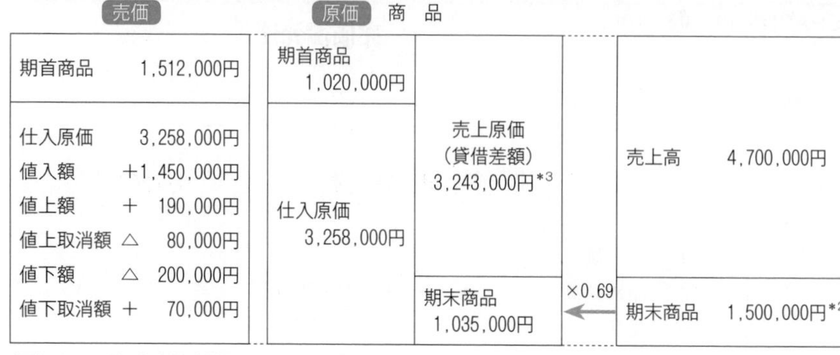

＊1 $\frac{4,278,000円}{6,200,000円}$ = 0.69（原価率）

＊2 6,200,000円 − 4,700,000円 = 1,500,000円
（6,200,000円：売価合計、4,700,000円：売上高）

＊3 1,020,000円 + 3,258,000円 − 1,035,000円 = 3,243,000円

2 期末商品の評価

期末商品の評価を行います。

P/L 期末商品棚卸高：1,500,000円 × 0.69 = 1,035,000円

P/L 棚 卸 減 耗 費：(1,500,000円 − 1,400,000円) × 0.69 = 69,000円

P/L 商 品 評 価 損：1,400,000円 × 0.69 − 950,000円 = 16,000円
（950,000円：正味売却価額）

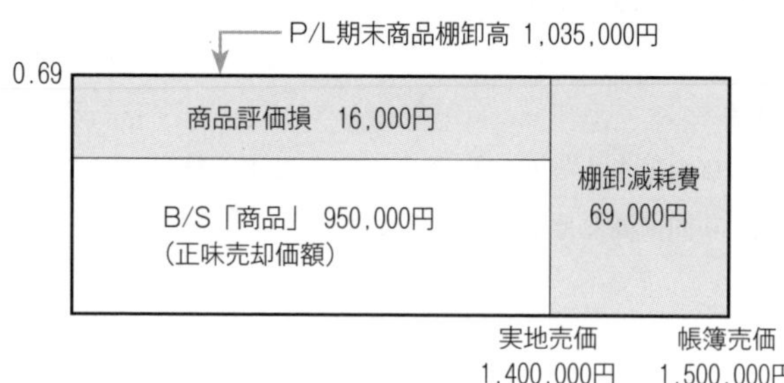

この問題のポイントはこれ!!

① 売価還元原価法による原価率の計算方法を理解しているか？

・売価還元原価法の原価率＝$\dfrac{\text{期首商品原価＋当期仕入原価}}{\text{期首商品売価＋当期仕入原価＋原始値入額＋値上額}^{*1}\text{－値下額}^{*2}}$ …A

＊1　値上取消額がある場合には、値上取消額を差し引いた純値上額
＊2　値下取消額がある場合には、値下取消額を差し引いた純値下額

② 期末商品帳簿棚卸高の計算方法を理解しているか？

・期末商品帳簿棚卸高＝（上記A－当期売上高）×売価還元原価法の原価率
　　　　　　　　　　　　売価

売価還元法②

解答

損　益　計　算　書　（単位：円）

Ⅰ　売　上　高		（ 3,155,000 ）
Ⅱ　売上原価		
1．期首商品棚卸高	（ 712,000 ）	
2．当期商品仕入高	（ 1,976,000 ）	
合　計	（ 2,688,000 ）	
3．期末商品棚卸高	（ 479,500 ）	
差　引	（ 2,208,500 ）	
4．（商品評価損）	（ 40,500 ）	（ 2,249,000 ）
売上総利益		（ 906,000 ）
Ⅲ　販売費及び一般管理費		
1．（棚卸減耗費）		（ 7,000 ）
営業利益		（ 899,000 ）
Ⅳ　営業外収益		
1．（仕入割引）		（ 32,500 ）
経常利益		（ 931,500 ）

貸　借　対　照　表　（単位：円）

商　品	（ 432,000）	

解説

期末商品の評価を行い、損益計算書を作成する問題です。売価合計、原価合計をもとに原価率を計算します。本問は、売価還元低価法（商品評価損を計上する方法）を採用していますので、原価法原価率と低価法原価率の２つを算定する必要があります。算定した原価率をもとに、期末商品の評価を行います。

1 仕入戻し、仕入割戻

仕入戻し、仕入割戻の修正仕訳を行います。

借方	金額	貸方	金額
(仕入戻し)	40,000	(仕入)	40,000
(仕入割戻)	34,000	(仕入)	34,000

2 売上原価などの計算

売価合計、原価合計より原価率を算定します。

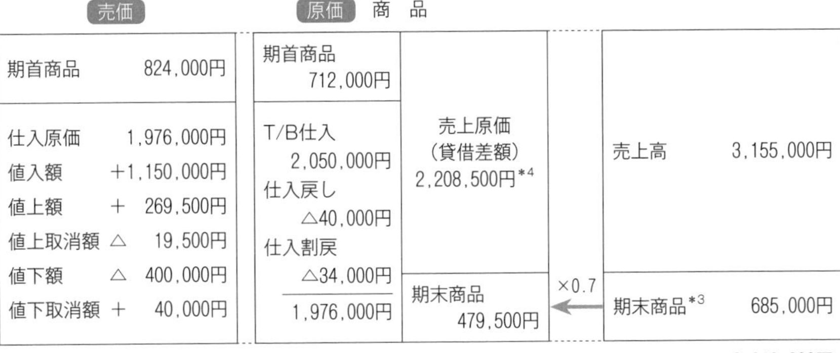

(原価法分母) 3,840,000円 ⟷ 0.7*1 ⟷ 2,688,000円　　3,840,000円

(低価法分母) 4,200,000円 ← 0.64*2

純値下額360,000円(=400,000円−40,000円)を控除しない
∴ 3,840,000円+360,000円=4,200,000円

＊1 $\frac{2,688,000円}{3,840,000円}=0.7$(原価法原価率)

＊2 $\frac{2,688,000円}{4,200,000円}=0.64$(低価法原価率)

＊3 3,840,000円(売価合計)−3,155,000円(売上高)=685,000円

＊4 712,000円+1,976,000円−479,500円(期末商品原価)=2,208,500円

3 期末商品の評価（商品評価損を計上する方法）

商品評価損、棚卸減耗費を算定します。

P/L 期末商品棚卸高：685,000円×0.7＝479,500円

P/L 棚 卸 減 耗 費：(685,000円－675,000円)×0.7＝7,000円

P/L 商 品 評 価 損：(0.7－0.64)×675,000円＝40,500円

B/S 商　　　　品：675,000円×0.64＝432,000円

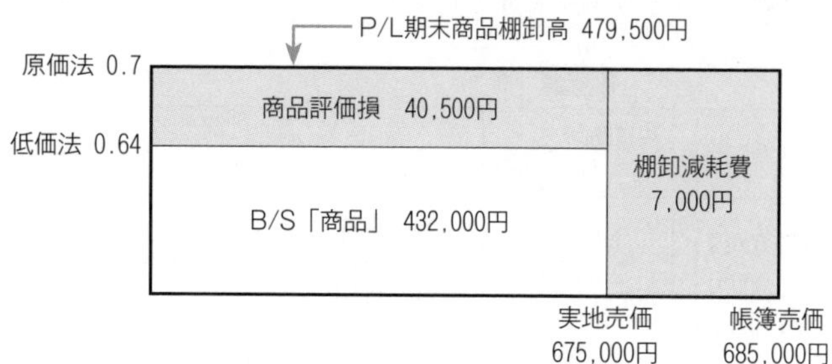

この問題のポイントはこれ!!

① 売価還元低価法による原価率の計算方法を理解しているか？

・売価還元低価法の原価率＝$\dfrac{\text{期首商品原価＋当期仕入原価}}{\text{期首商品売価＋当期仕入原価＋原始値入額＋値上額}^{*}}$

＊　値上取消額がある場合には、値上取消額を差し引いた純値上額

値下額を控除しない点が売価還元原価法と異なる。

② 商品評価損を計上する方法としない方法の違いを理解しているか？

・商品評価損を計上する方法　⬅**本問はこっち**

⇒期末商品棚卸高：**原価法**原価率×期末商品帳簿売価

⇒棚卸減耗費：**原価法**原価率×(期末商品帳簿売価－期末商品実地売価)

⇒商品評価損：(**原価法**原価率－**低価法**原価率)×期末商品実地売価

・商品評価損を計上しない方法

⇒期末商品棚卸高：**低価法**原価率×期末商品帳簿売価

⇒棚卸減耗費：**低価法**原価率×(期末商品帳簿売価－期末商品実地売価)

・どちらの方法でも、最終的な（営業）利益は一致する。

売価還元法③

解答

損益計算書 (単位：円)

Ⅰ 売上高		(212,000)
Ⅱ 売上原価		
1．期首商品棚卸高	(39,400)	
2．当期商品仕入高	(140,000)	
合計	(179,400)	
3．(見本品費振替高)	(2,070)	
4．期末商品棚卸高	(31,050)	
差引	(146,280)	
5．(商品評価損)	(2,360)	(148,640)
売上総利益		(63,360)
Ⅲ 販売費及び一般管理費		
1．(棚卸減耗費)	(690)	
2．(見本品費)	(2,070)	(2,760)
営業利益		(60,600)
Ⅳ 営業外収益		
1．(仕入割引)		(1,120)
経常利益		(61,720)

貸借対照表 (単位：円)

商品	(28,000)	

解説

他勘定振替項目を含んだ損益計算書と貸借対照表（一部）を作成する問題です。本問も売価合計、原価合計をもとに原価率を計算します。

1 仕入割引

仕入割引の修正仕訳を行います。

（仕　　　　入）	1,120	（仕　入　割　引）	1,120

2 売上原価の計算など

売価合計、原価合計をもとに原価法原価率を算定します。算定した原価率をもとに、期末商品原価、見本品費および売上原価を算定します。

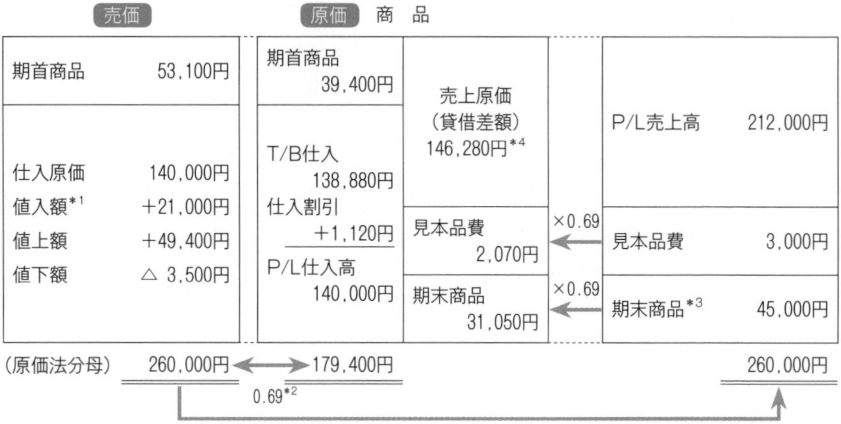

売価		原価 商品			売価	
期首商品	53,100円	期首商品 39,400円	売上原価（貸借差額）146,280円[*4]		P/L売上高	212,000円
仕入原価	140,000円	T/B仕入 138,880円				
値入額[*1]	+21,000円	仕入割引 +1,120円	見本品費 2,070円	←×0.69	見本品費	3,000円
値上額	+49,400円	P/L仕入高 140,000円				
値下額	△ 3,500円		期末商品 31,050円	←×0.69	期末商品[*3]	45,000円
（原価法分母）	260,000円	179,400円				260,000円

260,000円 ←→ 179,400円：0.69[*2]

＊1　140,000円（純仕入原価）×0.15＝21,000円（当期値入額）

＊2　$\frac{179{,}400円}{260{,}000円}$＝0.69（原価法原価率）

＊3　260,000円（売価合計）－212,000円（P/L売上高）－3,000円（見本品費（売価））＝45,000円

＊4　39,400円＋140,000円－2,070円－31,050円＝146,280円

3 他勘定振替高

他勘定振替高（本問では、見本品費勘定）がある場合、原価ボックスは損益計算書の売上原価の内訳科目にあわせるように作成されます。ここで、他勘定振替高は帳簿上「仕入勘定」から減少させますが、損益計算書上は、「当期商品仕入高」から控除しないで売上原価から控除する形式で表示することに注意しましょう。

(1) 原価ボックス

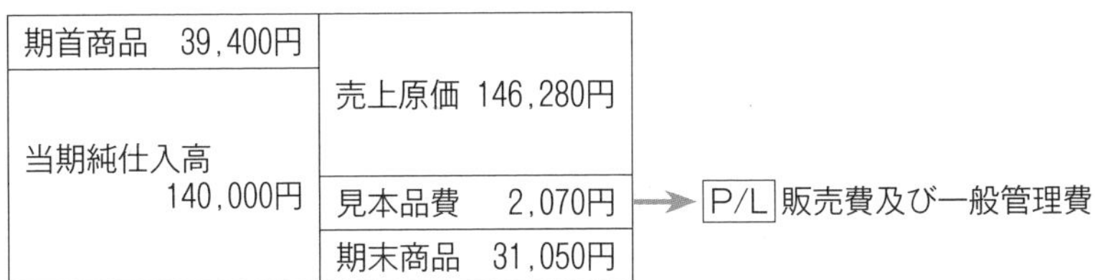

(2) 仕入勘定

①見本品費振替後

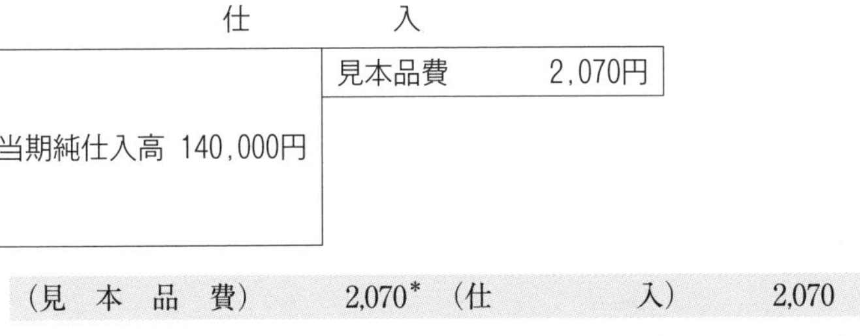

（見本品費）	2,070*	（仕　入）	2,070

＊　3,000円（見本品費売価）×0.69（原価法原価率）＝2,070円（見本品費原価）

②決算整理後

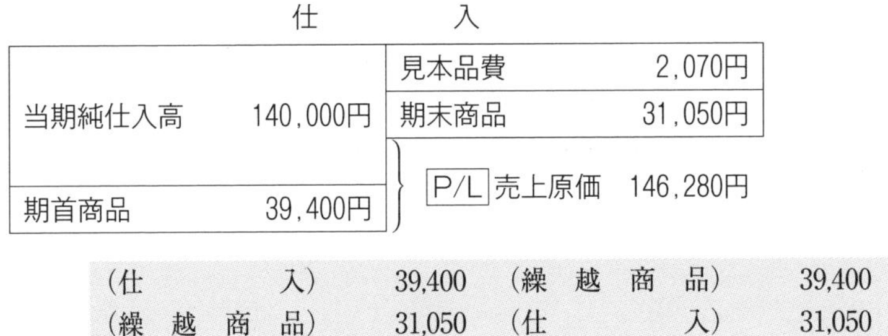

（仕　入）	39,400	（繰越商品）	39,400
（繰越商品）	31,050	（仕　入）	31,050

P/L 期末商品棚卸高：45,000円×0.69＝31,050円

(3) **損益計算書**

損益計算書		(単位：円)
Ⅰ 売上高		212,000
Ⅱ 売上原価		
1．期首商品棚卸高	39,400	
2．当期商品仕入高	140,000	
合計	179,400	
3．見本品費振替高	**2,070**	
4．期末商品棚卸高	31,050	
差引	146,280	
5．商品評価損	2,360	148,640
売上総利益		63,360
Ⅲ 販売費及び一般管理費		
1．棚卸減耗費	690	
2．見本品費	**2,070**	2,760

4 期末商品の評価

期末商品の評価を行います。期末商品実地原価より正味売却価額が小さいので、商品評価損を計上します。

P/L 棚卸減耗費：(45,000円－44,000円)×0.69＝690円

P/L 商品評価損：(44,000円×0.69)－28,000円＝2,360円

B/S 商　　　品：28,000円（正味売却価額）

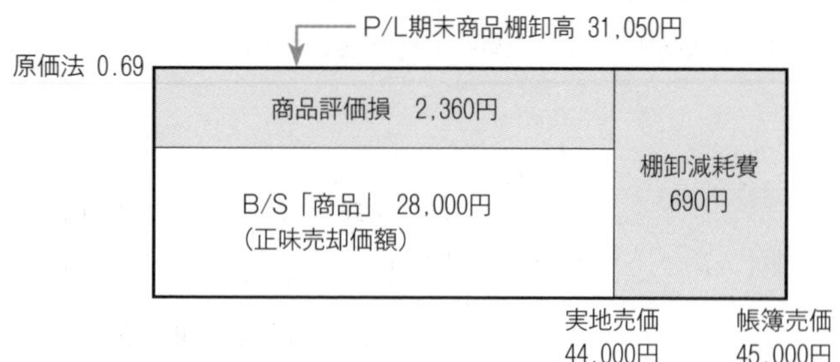

この問題のポイントはこれ!!

① **仕入割引に関する誤処理を修正できたか？**

仕入から控除されている**仕入割引（収益）**を修正する。

② **他勘定振替高（売価）から原価を推定する手順を理解しているか？**

他勘定振替高（原価）も期末商品棚卸高（原価）と同様に算定した原価率をもとに計算する。

③ **（未処理事項処理後の）仕入勘定とP/L当期商品仕入高の金額が異なる点を理解しているか？**

⇒帳簿上：他勘定振替高を仕入勘定から**控除**する。

⇒P/L上：当期商品仕入高から控除せずに**売上原価から間接控除**する。

CHAPTER 05－⑩／10問　理論問題

解答

ア	イ	ウ
継続記録法	棚卸計算法	売価還元法

解説

一般商品売買に関する用語について問う問題です。

1．棚卸資産の数量の計算方法には、商品有高帳を用いて、受入れと払出しの数をその都度記録する（ **継続記録法** ）と、受入れの記録はするが、払出しの記録を省略する（ **棚卸計算法** ）がある。

2．商品のグループごとに期末商品の売価合計に原価率を掛けて期末商品原価を計算する方法を（ **売価還元法** ）という。

CHAPTER 06－❶／3問

割賦販売①

解答

損益計算書　（単位：円）

Ⅰ　売上高		
1．一般売上高	（ 1,350,000 ）	
2．割賦売上高	（ 720,000 ）	（ 2,070,000 ）
Ⅱ　売上原価		
1．期首商品棚卸高	（ 240,000 ）	
2．当期商品仕入高	（ 1,420,000 ）	
合計	（ 1,660,000 ）	
3．期末商品棚卸高	（ 250,000 ）	（ 1,410,000 ）
（売上総利益）		（ 660,000 ）

解説

本問は割賦販売の問題です。利益率等から逆算して期末商品棚卸高を算定します。

1　［資料Ⅰ］の空欄推定

まず、決算整理前残高試算表の空欄を推定します。

割賦販売は販売基準により行われているため、商品を顧客に引き渡したときに、売価の金額を割賦売上勘定で処理します。

割賦売上高：720,000円（現金販売価格）

2　［資料Ⅱ］の空欄推定

売上高と原価率をもとに、売上原価と期末商品棚卸高を算定します。

一般販売は利益率40％で行っているので、一般販売原価率0.6（＝1－0.4）を一般売上に掛け、一般販売売上原価を求めます。

割賦販売売上原価は、割賦売上を1.2で割ることで求めます。

原価ボックスの貸借差額により期末商品棚卸高を算定します。

原　　価

期首商品		売上原価	
一般	240,000円	一般	810,000円
割賦	0円	割賦	600,000円
仕入	1,420,000円	P/L 期末商品棚卸高	250,000円*

×0.6 ← P/L 一般売上　1,350,000円

÷1.2 ← P/L 割賦売上　720,000円

＊　240,000円＋1,420,000円－810,000円－600,000円＝250,000円

この問題のポイントはこれ!!

①　収益認識基準の適用のもと、割賦売上の金額を正しく算定できるか？

⇒**販売基準**により、顧客に引き渡した時点で割賦売上を計上する。

②　売上原価の計算がスムーズに行えているか？

⇒一般売価と割賦売価及び各利益率をもとに、売上原価を算定する。

割賦販売②

解答

損 益 計 算 書		(単位：円)
Ⅰ 売 上 高		
1. 一般売上高	(2,025,000)	
2. 割賦売上高	(1,080,000)	(3,105,000)
Ⅱ 売 上 原 価		
1. 期首商品棚卸高	(360,000)	
2. 当期商品仕入高	(2,142,500)	
合 計	(2,502,500)	
3. 期末商品棚卸高	(387,500)	(2,115,000)
(売上総) 利益		(990,000)
Ⅲ 販売費及び一般管理費		
1. 戻り商品損失	(27,500)	
2. 貸倒引当金繰入	(13,000)	(40,500)
(営業) 利益		(949,500)

解説

本問は割賦販売の問題です。貸倒れによって取り戻した商品の会計処理を行います。

1 当期引渡し分が回収不能となった場合

回収不能となった金額を割賦売掛金勘定から減少させ、取り戻した商品に評価額がある場合には戻り商品勘定で処理します。

また、貸借差額を戻り商品損失勘定で処理します。

(戻 り 商 品)	12,500*1	(割 賦 売 掛 金)	40,000
(戻り商品損失)	27,500*2		

＊1　取り戻した商品の評価額

＊2　貸借差額

P/L 期末商品棚卸高：375,000円 + 12,500円 = 387,500円
［資料Ⅱ］1　戻り商品

P/L 戻り商品損失：27,500円

2 貸倒引当金の設定

期末売掛金および期末割賦売掛金に対し、３％の貸倒引当金を設定します。

（貸倒引当金繰入）	13,000*	（貸　倒　引　当　金）	13,000

＊　期末売掛金：750,000円 × ３％ = 22,500円

割賦売掛金：(580,000円 − 40,000円) × ３％ = 16,200円

貸倒引当金設定額：22,500円 + 16,200円 = 38,700円

P/L 貸倒引当金繰入：38,700円 − 25,700円 = 13,000円
前T/B貸倒引当金

この問題のポイントはこれ!!

▶　**貸倒れにより回収不能となった場合の会計処理方法を理解しているか？**

⇒回収不能となった金額を**割賦売掛金**から減額する。

⇒戻り商品に評価額がある場合は、**戻り商品**とし、仕入と区別して処理する。

⇒前期以前引渡分が回収不能になったとき、割賦売掛金に対して貸倒引当金が設定されている場合は減額する。

⇒上記の差額は、**戻り商品損失**で処理する。

割賦販売③

解答

問１

（単位：円）

	借方科目	金額	貸方科目	金額
(1)	割賦売掛金	2,000,000	割賦売上	2,000,000
(2)	現金預金	480,000	受取利息	80,000
			割賦売掛金	400,000
(3)	戻り商品	1,000,000	割賦売掛金	1,600,000
	貸倒引当金	96,000		
	戻り商品損失	504,000		

問２

（単位：円）

	借方科目	金額	貸方科目	金額
(1)	割賦売掛金	2,400,000	割賦売上	2,000,000
			利息未決算	400,000
(2)	利息未決算	80,000	受取利息	80,000
	現金預金	480,000	割賦売掛金	480,000
(3)	利息未決算	320,000	割賦売掛金	1,920,000
	戻り商品	1,000,000		
	貸倒引当金	96,000		
	戻り商品損失	504,000		

解説

本問は割賦販売の問題です。金利相当分の処理および貸倒れの処理がポイントになります。

問１　商品の販売時に現金販売価格で割賦売掛金を計上している場合

1　商品の販売時

商品の現金販売価格2,000,000円を収益認識し、割賦売上勘定として計上します。

2 代金の回収時

割賦代金総額に含まれる金利相当分を受取利息として配分します。

金利相当額：2,400,000円（割賦代金総額）－2,000,000円（現金販売価格）＝400,000円

（当期の）受取利息：400,000円（金利相当分）× $\frac{2回}{10回}$ ＝80,000円

割賦売掛金の減少：2,000,000円（割賦売掛金）× $\frac{2回}{10回}$ ＝400,000円

代金の回収額：2,400,000円（割賦代金総額）× $\frac{2回}{10回}$ ＝480,000円

3 割賦売掛金の回収不能時

販売した商品を取り戻した場合は、評価額で戻り商品勘定として計上し、回収不能となった割賦売掛金を減額します。

割賦売掛金：2,000,000円－400,000円＝1,600,000円

戻り商品損失：1,600,000円（割賦売掛金）－1,000,000円（戻り商品評価額）－96,000円（貸倒引当金）＝504,000円

問2　金利相当分について利息未決算勘定で処理している場合

1 商品の販売時

現金販売価格で収益認識し、割賦売上勘定として計上します。金利相当分は利息未決算勘定として計上し、各期に配分します。

金利相当分：$\underbrace{2{,}400{,}000円}_{割賦代金総額} - \underbrace{2{,}000{,}000円}_{現金販売価格} = 400{,}000円$

割賦売掛金：$\underbrace{2{,}000{,}000円}_{現金販売価格} + \underbrace{400{,}000円}_{金利相当分} = 2{,}400{,}000円$（割賦代金総額）

2 代金の回収時

当期に配分すべき金利相当分を、利息未決算を取り崩して受取利息勘定として計上します。

当期配分額（受取利息）：$\underbrace{400{,}000円}_{金利相当分} \times \dfrac{2回}{10回} = 80{,}000円$

代金の回収額：$\underbrace{2{,}400{,}000円}_{割賦代金総額} \times \dfrac{2回}{10回} = 480{,}000円$

3 割賦売掛金の回収不能時

販売した商品を取り戻した場合は、評価額で戻り商品勘定として計上し、回収不能となった割賦売掛金を減額します。

割賦売掛金：2,400,000円－480,000円＝1,920,000円

利息未決算：400,000円－80,000円＝320,000円

戻り商品損失：$\underbrace{1{,}920{,}000円}_{割賦売掛金} - \underbrace{320{,}000円}_{利息未決算} - \underbrace{1{,}000{,}000円}_{戻り商品評価額} - \underbrace{96{,}000円}_{貸倒引当金} = 504{,}000円$

この問題のポイントはこれ!!

① 割賦販売の利息の処理について理解しているか？

⇒割賦販売は代金の回収が長期にわたるため、一般的にその販売代金には利息が含まれている。金利相当分の会計処理については、以下の２通りがある。

・割賦売掛金に金利相当分を含めない方法 ⬅**問1はこっち**

⇒割賦売掛金は**現金販売価格**で計上する。

⇒代金回収時に、**割賦売掛金**を減少させるとともに、**受取利息**を別途計上する。

・割賦売掛金に金利相当分を含める方法 ⬅**問2はこっち**

⇒割賦売掛金は**割賦販売価格**で計上する。

⇒割賦販売価格と現金販売価格の差額は**利息未決算**として計上する。

⇒代金回収時に利息未決算を**受取利息**に振り替える。

② 割賦販売における貸倒時の処理を理解しているか？

・割賦売掛金に対して貸倒引当金を設定している場合

⇒対応する貸倒引当金を、回収不能の割賦売掛金から減額する。

・販売した商品を取り戻した場合

⇒評価額で**戻り商品**を計上、回収不能の割賦売掛金を減額する。
貸借差額を**戻り商品損失**として処理する。

CHAPTER 07－❶／3問

委託販売①

解答

問１　積送品原価として処理する場合

損益計算書　(単位：千円)

Ⅰ 売上高			
1．一般売上高		(250,000)	
2．積送品売上高		(90,000)	(340,000)
Ⅱ 売上原価			
1．期首商品棚卸高			
(1) 手許商品	(15,000)		
(2) 積送品	(19,900)	(34,900)	
2．当期商品仕入高		(269,050)	
合計		(303,950)	
3．期末商品棚卸高			
(1) 手許商品	(20,000)		
(2) 積送品	(23,050)	(43,050)	(260,900)
売上総利益			(79,100)
Ⅲ 販売費及び一般管理費			
1．積送諸掛			(0)
営業利益			(79,100)

貸借対照表　(単位：千円)

商品	(43,050)	
繰延積送諸掛	(0)	

問2　販売費として処理する場合

損益計算書　（単位：千円）

Ⅰ 売上高			
1．一般売上高		（ 250,000 ）	
2．積送品売上高		（ 90,000 ）	（ 340,000 ）
Ⅱ 売上原価			
1．期首商品棚卸高			
(1) 手許商品	（ 15,000 ）		
(2) 積送品	（ 19,500 ）	（ 34,500 ）	
2．当期商品仕入高		（ 267,500 ）	
合計		（ 302,000 ）	
3．期末商品棚卸高			
(1) 手許商品	（ 20,000 ）		
(2) 積送品	（ 22,500 ）	（ 42,500 ）	（ 259,500 ）
売上総利益			（ 80,500 ）
Ⅲ 販売費及び一般管理費			
1．積送諸掛			（ 1,400 ）
営業利益			（ 79,100 ）

貸借対照表　（単位：千円）

商品	（ 42,500）	
繰延積送諸掛	（ 550）	

解説

委託販売の発送諸掛に関する問題です。発送諸掛の処理方法は、積送品原価として処理する方法と販売費として処理する方法の２つがあります。

問１　積送品原価として処理する方法

1 〔資料１〕の空欄推定

積送品原価として処理する場合、積送諸掛勘定や繰延積送諸掛勘定を使用しません。また、期末一括法なので、前T/B積送品は「期首積送品＋当期積送高」を示しています。したがって、以下のようになります。

CH 07 特殊商品売買Ⅱ（委託販売）

前T/B 積　送　品：期首積送品（購入代価19,500千円＋発送諸掛400千円）
＋当期積送（購入代価75,000千円＋発送諸掛1,550千円）
＝96,450千円

前T/B 繰延積送諸掛：0千円　前T/B 積 送 諸 掛：0千円

2 決算整理仕訳

手許商品、積送品それぞれ決算整理仕訳を行います。

(1) 手許商品

（単位：千円）

（仕　　　入）	15,000	（繰 越 商 品）	15,000
（繰 越 商 品）	20,000	（仕　　　入）	20,000

(2) 積送品（期末一括法）

（単位：千円）

（仕　　　入）	96,450	（積　送　品）	96,450
（積　送　品）	23,050*	（仕　　　入）	23,050

＊ 期末積送品：22,500千円（購入代価）＋550千円（発送諸掛）＝23,050千円

積　送　品

借方	貸方
期首 19,500千円 発送諸掛 400千円	売上原価 ∴ 73,400千円
当期積送 75,000千円 発送諸掛 1,550千円	期末 22,500千円 発送諸掛 550千円

前T/B積送品 96,450千円

P/L 当期商品仕入高：192,500千円＋75,000千円＋1,550千円＝269,050千円

問2 販売費として処理する方法

1 〔資料1〕の空欄推定

販売費として処理する場合、積送諸掛、繰延積送諸掛を使用します。また、期末一括法なので、前T/B積送品は「期首積送品＋当期積送高」を示しています。したがって、以下のようになります。

前T/B 積　送　品：期首積送品（購入代価）19,500千円
+当期積送（購入代価）75,000千円＝94,500千円

前T/B 繰延積送諸掛：400千円 ←期首分

前T/B 積送諸掛：1,550千円 ←当期積送分

2 決算整理仕訳

手許商品、積送品それぞれ決算整理仕訳を行います。

(1) 手許商品

（単位：千円）

借方	金額	貸方	金額
(仕　　　入)	15,000	(繰越商品)	15,000
(繰越商品)	20,000	(仕　　　入)	20,000

(2) 積送品（期末一括法）

（単位：千円）

借方	金額	貸方	金額
(仕　　　入)	94,500	(積　送　品)	94,500
(積　送　品)	22,500*1	(仕　　　入)	22,500

*1 期末積送品（購入代価）

積　送　品

借方	貸方
期首 19,500千円	売上原価 ∴ 72,000千円
当期積送 75,000千円	期末 22,500千円

前T/B積送品 94,500千円

P/L 当期商品仕入高：192,500千円＋75,000千円＝267,500千円

(3) 積送諸掛費

（単位：千円）

借方	金額	貸方	金額
(積送諸掛)	400	(繰延積送諸掛)	400
(繰延積送諸掛)	550*2	(積送諸掛)	550

*2 期末積送品（発送諸掛）

積　送　諸　掛

借方	貸方
期首 400千円	積送諸掛 ∴ 1,400千円
当期積送 1,550千円	期末 550千円

CH 07 特殊商品売買Ⅱ（委託販売）

この問題のポイントはこれ!!

▶ **発送諸掛の２つの処理方法を理解しているか？**

・**積送品原価として処理**する方法

⇒期末積送品：期末積送品購入代価＋期末積送品発送諸掛

⇒繰延積送諸掛：ゼロ

・**販売費として処理**する方法

⇒期末積送品：購入代価のまま

⇒繰延積送諸掛：期末積送品発送諸掛

委託販売②

解答

損益計算書			(単位：千円)
Ⅰ 売上高			
1．一般売上高		(1,061,265)	
2．積送品売上高		(540,000)	(1,601,265)
Ⅱ 売上原価			
1．期首商品棚卸高			
(1) 手許商品	(150,450)		
(2) 積送品	(72,000)	(222,450)	
2．当期商品仕入高		(1,206,165)	
合計		(1,428,615)	
3．期末商品棚卸高			
(1) 手許商品	(184,500)		
(2) 積送品	(75,000)	(259,500)	(1,169,115)
売上総利益			(432,150)
Ⅲ 販売費及び一般管理費			
1．積送諸掛			(27,000)
営業利益			(405,150)

解説

委託販売の売上計上については、受託者売上高で売上高を計上します。なお、受託者立替諸掛と販売手数料は、積送諸掛として計上します。

1 ［資料Ⅰ］の空欄推定

積送諸掛：16,200千円（受託者立替諸掛）＋10,800千円（販売手数料）[*1]＝27,000千円

積送品売上：540,000千円（受託者売上高）

＊1　540,000千円（受託者売上高）×２％＝10,800千円

積送品：本問は、期末一括法なので、前T/B積送品は「期首積送品＋当期積送高」を示しています。そこで、原価率を使って、次のように推定計算を行い、期首積送品を求めます。

積　送　品

期首 ∴ 72,000千円	売上原価 405,000千円
当期積送 408,000千円	期末 75,000千円

×0.75 ← P/L 積送品売上　540,000千円（受託者売上高）

前T/B 積送品 480,000千円

2 決算整理仕訳

(1) 手許商品

（単位：千円）

（仕　　　入）	150,450	（繰 越 商 品）	150,450
（繰 越 商 品）	184,500	（仕　　　入）	184,500

(2) 積送品（期末一括法）

①販売時（処理済み）

（単位：千円）

（売　掛　金）	513,000	（積 送 品 売 上）	540,000*1
（積 送 諸 掛 費）	27,000		

*1　受託者売上高

②決算整理

（単位：千円）

（仕　　　入）	480,000	（積　送　品）	480,000
（積　送　品）	75,000	（仕　　　入）	75,000

この問題のポイントはこれ!!

▶　**販売諸掛の処理方法を理解しているか？**

・**販売費**として処理する方法（受託者売上高で売上計上）

⇒積送品売上高：受託者売上高（総売上高）

⇒積送諸掛（販売費）：販売手数料＋受託者立替諸掛

委託販売③

解答

損益計算書　(単位：千円)

Ⅰ　売上高			
1．一般売上高		(2,302,500)	
2．積送品売上高		(1,155,000)	(3,457,500)
Ⅱ　売上原価			
1．期首商品棚卸高			
(1) 手許商品	(36,275)		
(2) 積送品	(58,025)	(94,300)	
2．当期商品仕入高		(2,352,045)	
合計		(2,446,345)	
3．期末商品棚卸高			
(1) 手許商品	(47,800)		
(2) 積送品	(43,200)	(91,000)	(2,355,345)
売上総利益			(1,102,155)

解説

委託販売のその都度法に関する問題です。その都度法の場合、前T/B仕入に積送品売上原価が含まれている点に注意しましょう。なお、販売諸掛は販売費及び一般管理費の区分に計上されます。

1　［資料Ⅰ］の空欄推定

まず、決算整理前残高試算表の空欄を推定します。

積送品売上：1,155,000千円（受託者売上高）

2　勘定分析とボックス図の作成

与えられた資料より不明な金額を算定します。

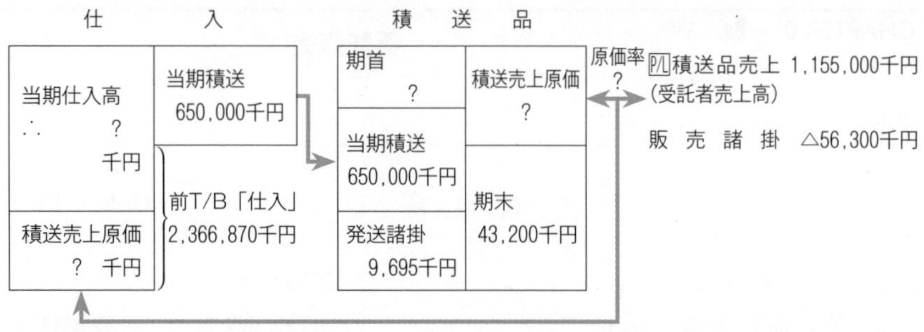

本問では、一般販売の原価率がわからないために、積送品の売上原価もわからず、当期仕入高が判明しません。そこで、当期仕入高の代わりに、前T/B仕入を使い、次のようなボックス図を作成します。その結果、原価率が計算できます。

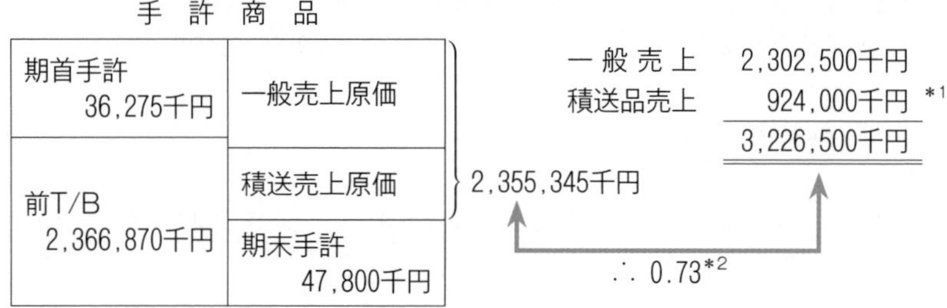

＊1　積送品売上：1,155,000千円（受託者売上高）÷1.25＝924,000千円

＊2　原価率：$\frac{2{,}355{,}345千円}{3{,}226{,}500千円}=0.73$

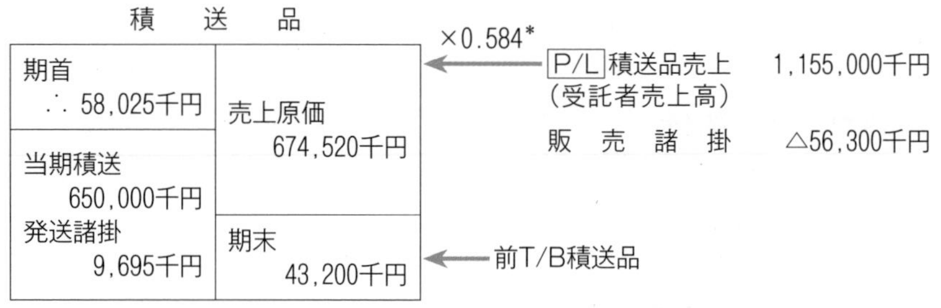

＊　0.73（一般販売原価率）÷1.25＝0.584

P/L 当期商品仕入高：

手許商品（前T/B仕入2,366,870千円－積送品売上原価674,520千円）

＋積送品（当期積送650,000千円＋発送諸掛9,695千円）

＝2,352,045千円

この問題のポイントはこれ!!

▶ **期末一括法とその都度法の会計処理を理解しているか？**

・**期末一括法**

⇒前T/B積送品：期首積送品原価＋当期積送高

⇒前T/B仕入：当期商品仕入高－当期積送高

・**その都度法** ⬅**本問はこっち**

⇒前T/B積送品：期末積送品原価

⇒前T/B仕入：当期商品仕入高－当期積送高＋積送品売上原価

CHAPTER 08－❶／4問

試用販売①

解答

損益計算書　(単位：円)

Ⅰ 売上高		
1．一般売上高	(720,000)	
2．試用品売上高	(312,000)	(1,032,000)
Ⅱ 売上原価		
1．期首商品棚卸高	(224,000)	
2．当期商品仕入高	(745,000)	
合計	(969,000)	
3．期末商品棚卸高	(185,000)	(784,000)
(売上総利益)		(248,000)
⋮		⋮
Ⅳ 営業外収益		
1．(仕入割引)		(22,000)

貸借対照表　(単位：円)

商品	(185,000)	

解説

本問は試用販売（対照勘定法）に関する問題です。

1 前T/Bの意味

繰越商品は三分法なので「期首手許商品原価」、試用品は対照勘定法なので「期首試用品原価」、試用販売契約と試用仮売上は「期末試用品売価」、仕入は、「一般仕入＋試用品仕入」を示しています。

2 仕入高の修正

仕入割引は仕入高の控除項目ではないため仕入高を修正します。

（仕　　入）	22,000	（仕 入 割 引）	22,000

P/L 当期商品仕入高：723,000円（前T/B仕入）＋22,000円（仕入割引）＝745,000円

3 売上原価の計算

期末手許商品を算定するために、一般販売と試用販売を合算したボックスを作成し、分析します。

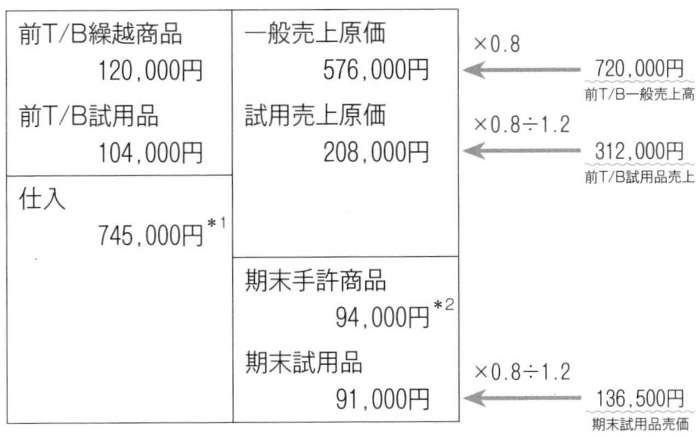

＊1　723,000円（前T/B仕入）＋22,000円（仕入割引の修正）＝745,000円

＊2　貸借差額

なお、売上原価を一般販売と試用販売に区別すると、次の表のようになります。

	一般販売	試用販売	合計
期首商品棚卸高	120,000円	104,000円	224,000円
当期商品仕入高	550,000円[*1]	195,000円[*2]	745,000円
期末商品棚卸高	△94,000円	△91,000円	△185,000円
売上原価	576,000円	208,000円	784,000円

＊1　576,000円（一般売上原価）＋94,000円（期末手許商品）－120,000円（前T/B繰越商品）＝550,000円

＊2　208,000円（試用品売上原価）＋91,000円（期末試用品）－104,000円（前T/B試用品）＝195,000円

決算整理仕訳は次のようになります。

⑴　手許商品

(仕　　　入)	120,000	(繰　越　商　品)	120,000
(繰　越　商　品)	94,000	(仕　　　入)	94,000

⑵　試用品

(仕　　　入)	104,000	(試　　用　　品)	104,000[*1]
(試　　用　　品)	91,000[*2]	(仕　　　入)	91,000

＊1　前T/B試用品（期首試用品原価）

＊2　期末試用品原価

B/S　商品：94,000円（手許商品）＋91,000円（試用品）＝185,000円

この問題のポイントはこれ!!

①　試用販売の会計処理を理解しているか？

・前T/B貸方に「試用仮売上」等が**ない**

⇒手許商品区分法

・前T/B貸方に「試用仮売上」等が**ある**　⬅**本問はこっち**

⇒対照勘定法

②　対照勘定法を理解しているか？

⇒前T/B試用品：期首試用品原価

⇒前T/B仕入：一般仕入＋試用品仕入

試用販売②

解答

損益計算書　(単位：円)

Ⅰ 売上高		
1. 一般売上高	(1,600,000)	
2. 試用品売上高	(1,200,000)	(2,800,000)
Ⅱ 売上原価		
1. 期首商品棚卸高	(180,000)	
2. 当期商品仕入高	(2,220,000)	
合計	(2,400,000)	
3. 期末商品棚卸高	(230,000)	
差引	(2,170,000)	
4.(商品評価損)	(40,400)	(2,210,400)
売上総利益		(589,600)
Ⅲ 販売費及び一般管理費		
1.(貸倒引当金繰入)	(16,000)	
2.(棚卸減耗費)	(3,200)	(19,200)
営業利益		(570,400)

貸借対照表　(単位：円)

売掛金	(1,000,000)		
貸倒引当金	(△ 20,000)	(980,000)	
商品		(186,400)	

解説

本問は試用販売（対照勘定法）に関する問題です。

1 ［資料Ⅰ］の前T/Bの意味

繰越商品は「期首手許商品原価」、試用品は対照勘定法なので「期首試用品原価」、試用販売契約と試用仮売上は「期末試用品売価」、仕入は「当期仕入高」を示しています。

2 未処理事項

試用品売上を計上するとともに、対照勘定を相殺し、取り消します

（売　掛　金）	200,000	（試用品売上）	200,000
（試用仮売上）	200,000	（試用販売契約）	200,000

P/L 試用品売上高：1,000,000円（前T/B試用品売上）＋200,000円（買取通知）＝1,200,000円

期末試用品売価（対照勘定法）：300,000円（前T/B対照勘定）－200,000円＝100,000円

3 売上原価の計算

仕入勘定と試用品勘定を分析し、当期仕入高を算定します。

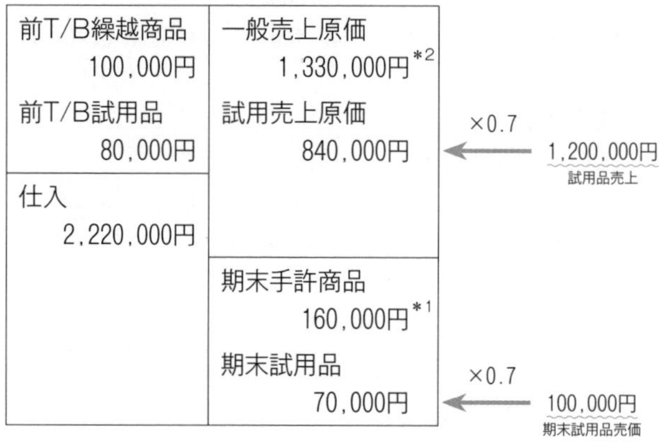

＊1　@80円×2,000個＝160,000円（帳簿棚卸高）

＊2　貸借差額

売上原価を算定するために、一般販売と試用販売を合算したボックスを作成し、分析します。

4 決算整理仕訳

(1) 手許商品

(仕　　　　入)	100,000	(繰 越 商 品)	100,000
(繰 越 商 品)	160,000	(仕　　　　入)	160,000
(棚 卸 減 耗 費)	3,200	(繰 越 商 品)	43,600
(商 品 評 価 損)	40,400		

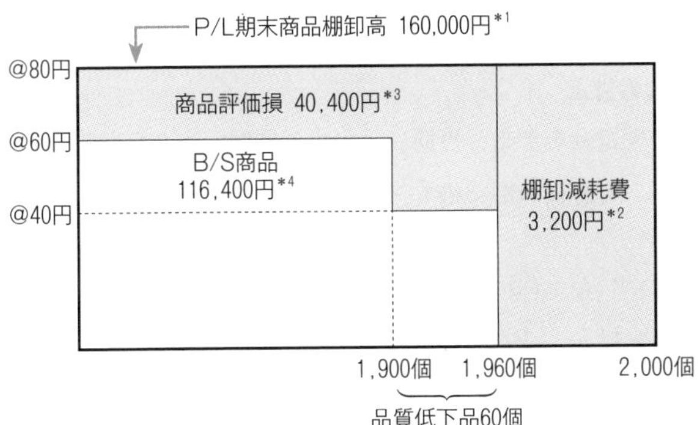

＊1　@80円×2,000個＝160,000円

＊2　@80円×(2,000個－1,960個)＝3,200円

＊3　(@80円－@40円)×60個＝2,400円
　　(@80円－@60円)×1,900個＝38,000円 } 40,400円

＊4　@60円×1,900個＋@40円×60個＝116,400円

(2) **試用品**

(仕　　　　　入)	80,000	(試　　用　　品)	80,000
(試　　用　　品)	70,000	(仕　　　　　入)	70,000

B/S 商品：116,400円 + 70,000円* = 186,400円
（116,400円：手許商品、70,000円：試用品）

* 期末試用品原価：(300,000円 − 200,000円) × 70% = 70,000円
（300,000円：前T/B試用販売契約、200,000円：未処理事項、70%：原価率）

5 貸倒引当金の計上

未処理分の売掛金を加え、当期に設定する貸倒引当金を計算します。

(貸倒引当金繰入)	16,000	(貸　倒　引　当　金)	16,000

B/S 貸倒引当金：(前T/B売掛金800,000円 + 未処理200,000円) × 2% = 20,000円

P/L 貸倒引当金繰入：B/S 貸倒引当金20,000円 − 前T/B貸倒引当金4,000円
= 16,000円

この問題のポイントはこれ!!

① **対照勘定法を理解しているか？**

・**対照勘定法**

⇒前T/B試用品：期首試用品原価

⇒前T/B仕入：一般仕入＋試用品仕入

⇒前T/B試用販売契約・試用仮売上：期末試用品売価

② **未処理事項の処理は漏れなく行えているか？**

未処理事項を反映させた売掛金をもとに貸倒引当金を設定する。

試用販売③

解答

損益計算書 (単位：円)

Ⅰ 売上高			
1. 一般売上高		(1,056,250)	
2. 試用品売上高		(950,000)	(2,006,250)
Ⅱ 売上原価			
1. 期首商品棚卸高			
(1) 手許商品	(81,000)		
(2) 試用品	(31,000)	(112,000)	
2. 当期商品仕入高		(1,500,500)	
合計		(1,612,500)	
3. 期末商品棚卸高			
(1) 手許商品	(99,500)		
(2) 試用品	(73,125)	(172,625)	(1,439,875)
売上総利益			(566,375)

解説

損益計算書を作成する問題です。試用品は対照勘定法により記帳していることに注意します。

1 勘定分析

本問では、試用品は対照勘定法で処理しているため、前T/B仕入は当期仕入を示しています。

したがって、次のようなモノの流れを表す商品ボックスを作成し、まず、一般商品の原価率を算定します。

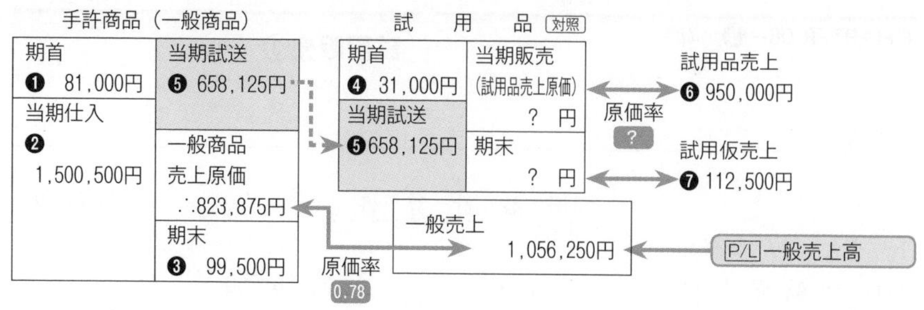

❶ P/L 手許商品（期首）：前T/B繰越商品81,000円
❷ 当期仕入＝P/L 当期商品仕入高：前T/B仕入1,500,500円
❸ P/L 手許商品（期末）：［資料Ⅱ］ 1.(2)より99,500円
❹ P/L 試用品（期首）：前T/B試用品31,000円
❺ 当期試送高：［資料Ⅱ］ 2.(4)より658,125円
❻ P/L 試用品売上高：前T/B試用品売上950,000円
❼ 試用仮売上（期末試用品売価）：前T/B試用仮売上112,500円

2 試用品の原価ボックス

本問では、試用品の原価率は、［資料Ⅱ 2.(2)］より、毎期異なることに注意して、試用品のボックスを作成します。

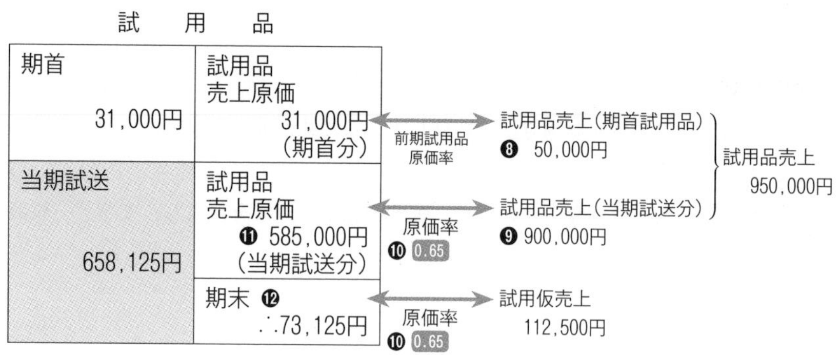

❽ 試用品売上（期首試用品）：［資料Ⅱ］ 2.(3)より50,000円

❾ 試用品売上（当期試送分）：950,000円 − 50,000円 = 900,000円
（950,000円：前T/B試用品売上、50,000円：試用品売上（期首））

❿ 当期試用品原価率：0.78 ÷ 1.2 = 0.65

⓫ 試用品売上原価（当期試送分）：900,000円 × 0.65 = 585,000円

⓬ P/L 試用品（期末）：112,500円 × 0.65 = 73,125円

3 決算整理仕訳

(1) 手許商品（一般商品）

借方科目	金額	貸方科目	金額
（仕　　　入）	81,000	（繰 越 商 品）	81,000
（繰 越 商 品）	99,500	（仕　　　入）	99,500

(2) 試用品（対照勘定法）

借方科目	金額	貸方科目	金額
（仕　　　入）	31,000	（試　用　品）	31,000
（試　用　品）	73,125	（仕　　　入）	73,125

この問題のポイントはこれ!!

▶ **前T/Bにおける試用販売（対照勘定法）の勘定内容を理解しているか？**

⇒対 照 勘 定：未販売（売価）

⇒試用品売上：当期販売（売価。当期または前期試送）

⇒試　用　品：前期試送（原価。当期に販売済みかどうかは不明）

CH 08 特殊商品売買Ⅲ（試用販売）

理論問題

解答

ア	イ	ウ
委託販売	委託者	受託者
エ	オ	
試用販売	対照勘定法	

解説

特殊商品売買に関する用語について問う問題です。

1．代理店などに自己の商品の販売を委託する販売形態を（ **委託販売** ）といい、商品の販売の委託側を（ **委託者** ）、商品の販売の受託側を（ **受託者** ）という。

2．あらかじめ得意先に商品を発送して一定期間使用してもらい、その後の買取りの意思表示によって、収益の認識を行う販売形態を（ **試用販売** ）という。

3．収益や費用が確定するまでの間、貸借で一対になる勘定によって、備忘記録を行う会計処理方法を（ **対照勘定法** ）という。

CHAPTER 09―❶／2問

会計上の変更・誤謬の訂正

解答

貸借対照表

	前事業年度 ×3年3月31日	当事業年度 ×4年3月31日
資産の部		
流動資産		
商品	（ 102,000 ）円	×××
⋮		
純資産の部		
株主資本		
利益剰余金	（ 153,680 ）円	×××
⋮		
純資産合計	（ 336,600 ）円	×××

損益計算書

	前事業年度 自×2年4月1日 至×3年3月31日	当事業年度 自×3年4月1日 至×4年3月31日
売上原価		
期首商品棚卸高	（ 74,800 ）円	（ 102,000 ）円
当期商品仕入高	（ 510,000 ）円	×××
合計	（ 584,800 ）円	×××
期末商品棚卸高	（ 102,000 ）円	×××
売上原価合計	（ 482,800 ）円	×××
⋮		
税引前当期純利益	（ 83,300 ）円	×××
法人税等	（ 44,200 ）円	×××
当期純利益	（ 39,100 ）円	×××

解説

本問は会計上の変更に関する問題です。

正当な理由による会計方針の変更なので、過去の期間すべてに遡及処理をします。

1 総平均法から先入先出法への変更

会計方針の変更の問題では、変更後の処理による数値を計算します。本問は、[資料Ⅰ] に変更後の評価方法である先入先出法で計算した数値が示されているため、計算の必要はありません。

2 損益計算書

(1) 売上原価

前事業年度の売上原価項目に [資料Ⅰ] に示された先入先出法の数値をあてはめていきます。

①前事業年度

P/L 期首商品棚卸高： 74,800円

P/L 当期商品仕入高：510,000円

P/L 期末商品棚卸高：102,000円

P/L 売上原価合計：482,800円

②当事業年度

P/L 期首商品棚卸高：102,000円

(2) 税引前当期純利益

会計方針の変更によって、前事業年度の売上原価が変動したため、その影響を前事業年度の税引前当期純利益に反映させます。

①前事業年度

売上原価の変動額：482,800円－474,300円＝8,500円（費用の増加→利益の減少）

P/L 税引前当期純利益：91,800円（変更前の税引前当期純利益）－8,500円（売上原価の変動額）＝83,300円

(3) 法人税等、当期純利益

すでに確定した法人税等の額は変わらないため、変更前の法人税等の額をそのまま用います。

P/L 法人税等：44,200円

P/L 当期純利益：83,300円－44,200円＝39,100円

3 貸借対照表

(1) 資産の部

商品は P/L 期末商品棚卸高102,000円を用います。

①前事業年度

B/S 商品：102,000円

(2) 純資産の部

税引前当期純利益と同じく、会計方針の変更によって、前事業年度の利益剰余金が変動しています。その影響を反映させるため、前事業年度の期末商品棚卸高の変動を計算します。

①前事業年度

期末商品棚卸高の変動額：102,000円－122,400円＝△20,400円（資産の減少→純資産の減少）

B/S 利益剰余金：174,080円（変更前の利益剰余金）－20,400円（期末商品棚卸高の変動額）＝153,680円

B/S 純資産合計：357,000円（変更前の純資産合計）－20,400円（期末商品棚卸高の変動額）＝336,600円

この問題のポイントはこれ!!

▶ **会計上の変更の処理を正しく行えたか？**

⇒会計方針の変更を行った場合は、新たな会計方針を**過去のすべての期間に遡及適用**。

⇒ただし、表示期間より前の期間に関する**遡及適用による累積的影響額**は、表示する財務諸表のうち、**最も古い期間の期首**の資産、負債、純資産の額に反映すればよい。

理論問題

解答

ア	イ	ウ
会計方針の変更	表示方法の変更	会計上の見積りの変更
エ	オ	
遡及	修正再表示	

（注）ア、イ、ウは順不同

解説

会計上の変更・誤謬の訂正に関する用語について問う問題です。

1．会計上の変更とは、（ **会計方針の変更** ）、（ **表示方法の変更** ）、および（ **会計上の見積りの変更** ）のことをいう。

2．会計上の変更や誤謬が見つかった場合、過去の財務諸表にさかのぼってこれを適用・修正する処理を（ **遡及** ）処理という。

3．過去の財務諸表における誤謬の訂正を財務諸表に反映させることを（ **修正再表示** ）という。

CHAPTER 11　現金預金

CHAPTER 11−❶／2問

現金預金①

解答

(1)　貸借対照表（一部）

貸　借　対　照　表

×3年３月31日　　（単位：円）

資産の部			負債の部	
Ⅰ 流動資産			Ⅰ 流動負債	
現金預金		(321,650)	買掛金	(354,350)
受取手形	(86,000)		(未払金)	(2,700)
売掛金	(264,000)			
計	(350,000)			
貸倒引当金	(△7,000)	(343,000)		
(未収収益)		(1,150)		
Ⅱ 固定資産				
(長期性預金)		(80,000)		

(2)

科　目	金　額
雑　損	100円

（注）科目の記載欄には雑益または雑損を記入すること。

解説

現金預金に関する問題です。正確な分類がポイントになります。

1 現金

他勘定に振り替えるべきものや、未記帳のものを処理します。

(1)　先日付小切手は、約束手形と同様の性格をもっているので、受取手形勘定で処理します。

(受取手形)	3,000	(現　　金)	3,000
		現金預金	

CH 11　現金預金

(2) 配当金領収証と期限到来済社債利札は未記帳なので、現金預金勘定で処理します。

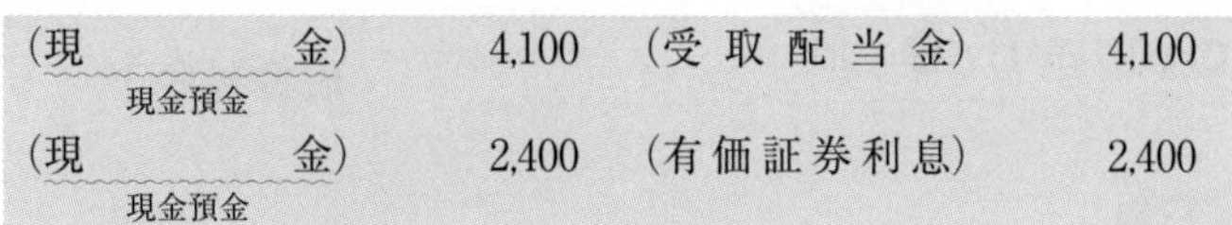

(現　　金) 現金預金	4,100	(受取配当金)	4,100
(現　　金) 現金預金	2,400	(有価証券利息)	2,400

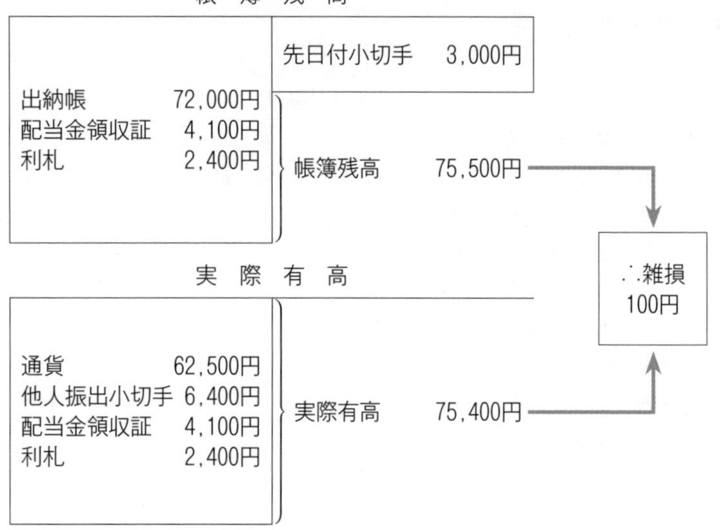

(3) 現金の帳簿残高と実際有高の差額を雑損として計上します。

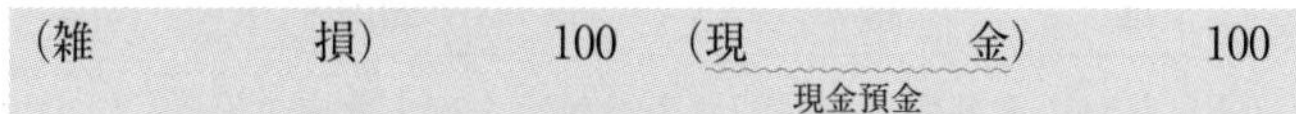

(雑　　損)	100	(現　　金) 現金預金	100

2 当座預金

帳簿上の残高と、銀行残高証明書残高との差異を調整します。

(1) 未渡小切手（買掛金）

相手方に小切手を渡していないので、当座預金は減少していません。したがって、当社の帳簿（当座預金）を加算します。

(当座預金) 現金預金	2,350	(買掛金)	2,350

B/S 買掛金：352,000円＋2,350円＝354,350円

(2) 未渡小切手（費用項目）

修繕費（費用）は、費用の取消しとはせずに未払金勘定で処理します。

（当　座　預　金）　2,700　（未　払　金）　2,700
現金預金

B/S 未払金：2,700円

(3) 銀行が取り立てた手形について未通知であるため、当社でも処理します。

（当　座　預　金）　4,500　（受　取　手　形）　4,500
現金預金

B/S 受取手形：87,500円＋3,000円－4,500円＝86,000円

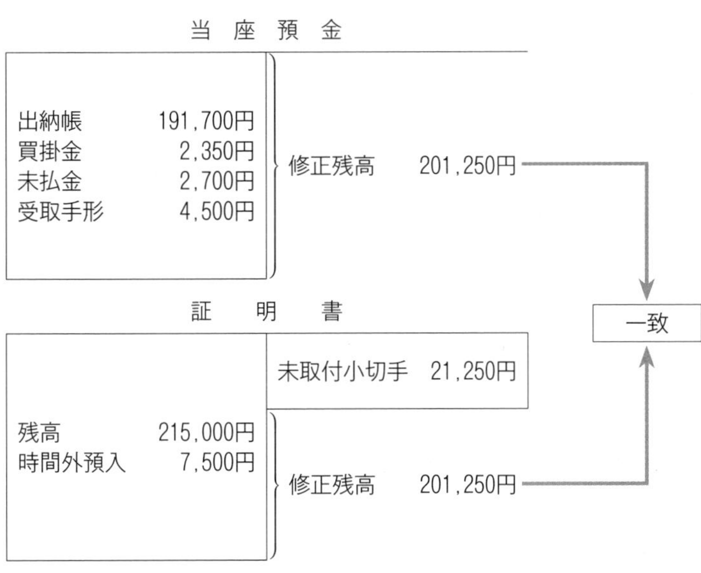

3 定期預金

(1) 定期預金を流動資産と固定資産に分類します。

（長 期 性 預 金）　80,000　（現　金　預　金）　80,000

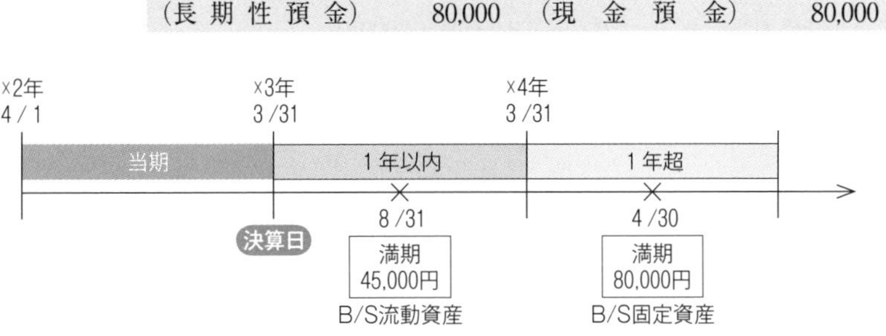

B/S 現 金 預 金：75,400円（現金）＋201,250円（当座預金）＋45,000円（定期預金）＝321,650円

B/S 長期性預金：80,000円

⑵ 未収収益として当期に計上すべき受取利息を計算します。受取利息を月割計算することに注意しましょう。

（未 収 収 益）	1,150	（受 取 利 息）	1,150

①長期性預金

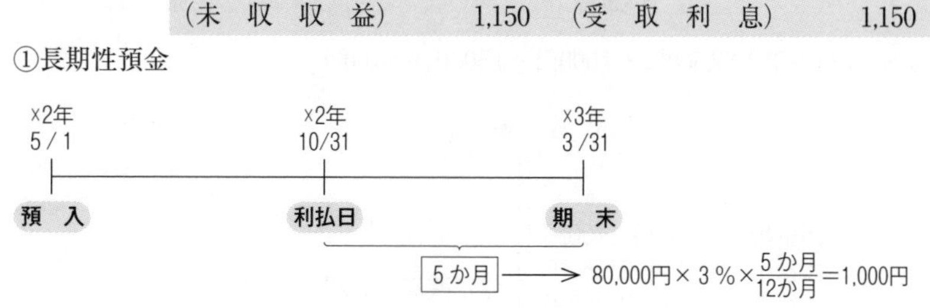

②流動資産に計上した定期預金（現金預金）

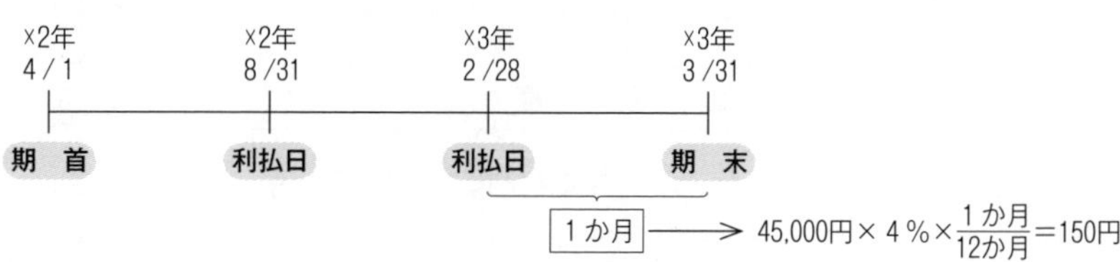

B/S 未収収益：1,000円＋150円＝1,150円

4 貸倒引当金

期中の増減を加味して貸倒引当金を設定します。

（貸倒引当金繰入）	4,000	（貸 倒 引 当 金）	4,000

B/S 貸倒引当金：{(87,500円＋3,000円－4,500円)（受取手形）＋264,000円（売掛金）}×2％＝7,000円

貸倒引当金繰入：7,000円－3,000円＝4,000円

この問題のポイントはこれ!!

① 現金と現金ではない項目を区別できたか？

・まちがえやすい項目

⇒先日付小切手：**受取手形**で処理

(誤処理を修正すると貸倒引当金の設定にも影響する点に注意)

⇒自己振出小切手：**当座預金**で処理

② 銀行勘定調整表の調整項目を理解しているか？

・**企業側**の調整（修正仕訳**必要**）：(1)　連絡未通知（加減算）
(2)　誤記入（加減算）
(3)　未渡小切手（加算）

・**銀行側**の調整（修正仕訳**不要**）：(1)　時間外預入れ（加算）
(2)　未取立小切手（加算）
(3)　未取付小切手（減算）

現金預金②

解答

(1) 貸借対照表（一部）

貸 借 対 照 表

×2年３月31日　　(単位：円)

資産の部			負債の部	
Ⅰ 流 動 資 産			Ⅰ 流 動 負 債	
現 金 預 金		(235,000)	支 払 手 形	(416,150)
受 取 手 形	(330,250)		買 掛 金	(400,000)
売 掛 金	(277,400)			
計	(607,650)			
貸倒引当金	(△12,153)	(595,497)		
(未 収 収 益)		(2,400)		
Ⅱ 固 定 資 産				
(長期性預金)		(120,000)		

(2)

科　目	金　額
雑　損	100円

(注) 科目の記載欄には雑益または雑損を記入すること。

解説

現金預金に関する問題です。正確な分類がポイントになります。

1 現金

他勘定に振り替えるべきものや、未記帳のものを処理します。

(1) 自己振出小切手

当座預金の増加となるため、現金出納帳からは控除します。

借方		貸方	
(当 座 預 金) 現金預金	750	(現 金) 現金預金	750

(2)　A商店振出の先日付小切手

先日付小切手は、約束手形と同様の性格のため、受取手形勘定で処理します。

(受　取　手　形)	4,000	(現　　　　金) 現金預金	4,000

B/S 受取手形：326,250円＋4,000円＝330,250円

(3)　未記帳

配当金領収証と期限到来後社債利札が未記帳なので、現金で処理します。

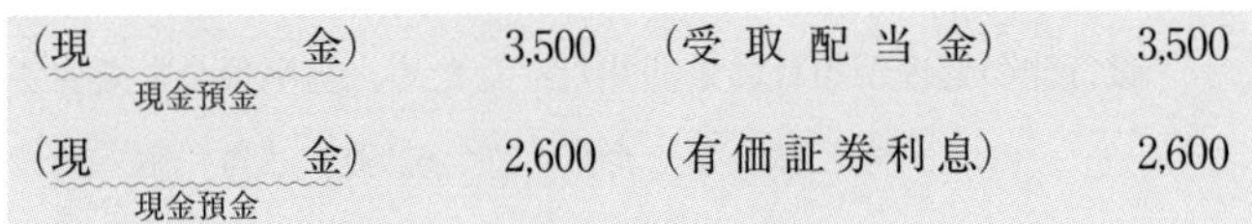

(現　　　　金) 現金預金	3,500	(受 取 配 当 金)	3,500
(現　　　　金) 現金預金	2,600	(有 価 証 券 利 息)	2,600

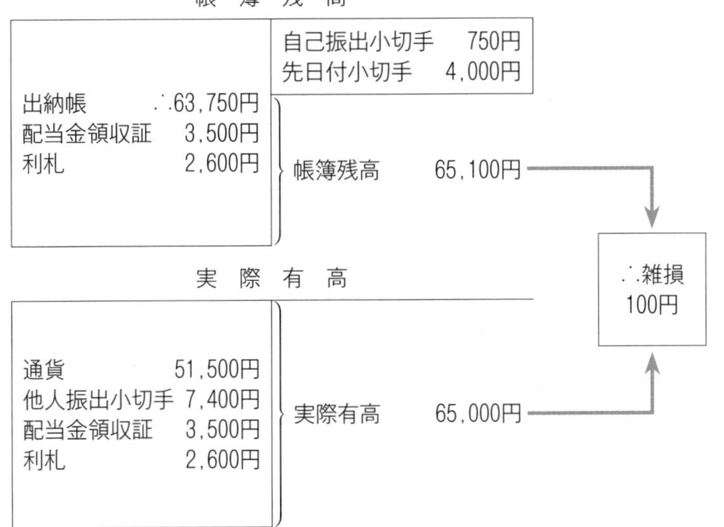

なお、決算整理前の現金（出納帳）の残高は、当座預金（出納帳）の金額を算定したあと、差額で求めます。

(4)　雑損の計上

現金の帳簿残高と実際有高の差額を雑損として計上します。

(雑　　　　損)	100	(現　　　　金) 現金預金	100

2 当座預金

帳簿上の残高と、銀行残高証明書残高との差異を調整します。

(1) 未渡小切手

相手方に小切手を渡していないため、当座預金は減少していません。

(当座預金) 現金預金	4,350	(買掛金)	4,350

B/S 買掛金：395,650円＋4,350円＝400,000円

(2) 連絡未通知

銀行側の処理が当社に未通知だったため、当座預金を減少させます。

(支払手形)	6,250	(当座預金) 現金預金	6,250

B/S 支払手形：422,400円－6,250円＝416,150円

(3) 誤記入

販売費4,900円を9,400円と記帳しているため、4,500円を取り消します。

(当座預金) 現金預金	4,500	(販売費)	4,500

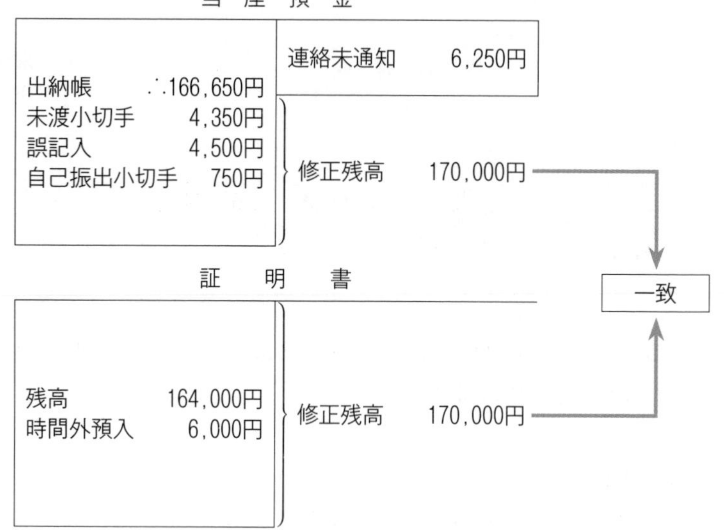

3 定期預金

(1) 定期預金を固定資産に分類します。

(長期性預金)	120,000	(現金預金)	120,000

×1年 4/1　×2年 3/31　×3年 3/31
当期　1年以内　1年超
1/4 預入　決算日　×4.1/3
満期 120,000円
B/S固定資産

B/S 長期性預金：120,000円

(2) 未収収益として当期に計上すべき受取利息を月割りで計上します。

(未収収益)	2,400	(受取利息)	2,400

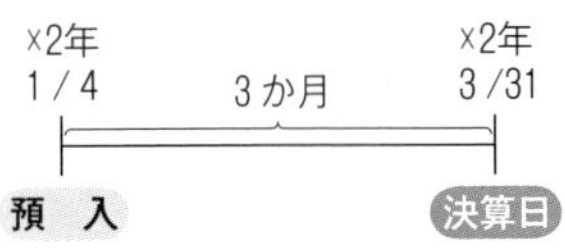

B/S 未収収益：120,000円 × 8 % × $\frac{3か月}{12か月}$ = 2,400円

B/S 現金預金：65,000円 + 170,000円 = 235,000円

4 貸倒引当金

期中の増減を加味して貸倒引当金を設定します。

B/S 貸倒引当金：{(326,250円 + 4,000円) + 277,400円} × 2 % = 12,153円
（受取手形：326,250円 + 4,000円、売掛金：277,400円）

貸倒引当金繰入：12,153円 − 5,000円 = 7,153円

(貸倒引当金繰入)	7,153	(貸倒引当金)	7,153

この問題のポイントはこれ!!

▶ **当座預金の帳簿残高を推定できるか？**

・**企業側**の調整（修正仕訳**必要**）：⑴　連絡未通知（加減算）
⑵　誤記入（加減算）
⑶　未渡小切手（加算）

・**銀行側**の調整（修正仕訳**不要**）：⑴　時間外預入れ（加算）
⑵　未取立小切手（加算）
⑶　未取付小切手（減算）

CHAPTER 12　金銭債権・貸倒引当金

CHAPTER 12－❶／6問

金銭債権・貸倒引当金①

解答

(A)　区分処理しない方法

（単位：円）

	借方科目	金額	貸方科目	金額
(1)×1年4月1日	受取手形	108,160	売上	108,160
(2)×2年3月31日		仕訳なし		
(3)×3年3月31日	当座預金	108,160	受取手形	108,160

(B)　区分処理する方法（定額法）

（単位：円）

	借方科目	金額	貸方科目	金額
(1)×1年4月1日	受取手形	100,000	売上	100,000
(2)×2年3月31日	受取手形	4,080	受取利息	4,080
(3)×3年3月31日	受取手形	4,080	受取利息	4,080
	当座預金	108,160	受取手形	108,160

(C)　区分処理する方法（利息法）

（単位：円）

	借方科目	金額	貸方科目	金額
(1)×1年4月1日	受取手形	100,000	売上	100,000
(2)×2年3月31日	受取手形	4,000	受取利息	4,000
(3)×3年3月31日	受取手形	4,160	受取利息	4,160
	当座預金	108,160	受取手形	108,160

解説

受取手形に含まれる金利部分の会計処理の問題です。

本問のように債権金額に差額がある場合で、その差額が金利調整差額と認められるときには、償却原価法によって算定した価額から貸倒引当金を控除した価額を貸借対照表価額とします。なお、本問では貸倒引当金はありません。

1 (A) 区分処理しない方法

売上債権などに金利部分が含まれる場合でも、金利部分に重要性が乏しいときは、金利部分を区分せず、手形金額で売上計上し、決算時には何も処理をしません。

2 (B) 区分処理する方法（定額法）

現金正価＝手形の割引現在価値と考えて計算します。

定額法では、手形金額と現金正価の差額は回収までの期間で均等に、受取利息として計上します。

(1) 販売時

現金正価で計上します。

(受取手形)	100,000	(売　　上)	100,000

(2) 決算時

受取利息を期間配分して計上します。

(受取手形)	4,080	(受取利息)	4,080

受取利息（定額法）：(108,160円－100,000円)÷２年＝4,080円

(3) 回収時

利息を含んだ金額で回収します。

(受取手形)	4,080	(受取利息)	4,080
(当座預金)	108,160	(受取手形)	108,160

3 (C) 区分処理する方法（利息法）

(B)と同じように現金正価＝手形の割引現在価値と考えて計算します。利息法では、帳簿価額に利率を掛けて、受取利息として計上します。

(1) 販売時

現金正価で計上します。

(受取手形)	100,000	(売　　上)	100,000

(2) 決算時

帳簿価額（現金正価）に利率を掛けて算定します。

(受取手形)	4,000	(受取利息)	4,000

１年目の受取利息（利息法）：100,000円×４％＝4,000円

(3) 回収時

利息を含んだ金額で回収します。

(受取手形)	4,160	(受取利息)	4,160
(当座預金)	108,160	(受取手形)	108,160

２年目の受取利息（利息法）：(100,000円＋4,000円)×４％＝4,160円

この問題のポイントはこれ!!

▶ **売上債権の金利区分処理を理解しているか？**

・金利部分を区分する方法

債権金額（額面金額）から金利部分を差し引いた**現金正価**を売上債権の価額として計上する。

⇒金利部分は、**償却原価法（定額法または利息法）**によって、各期の損益に配分。

・金利部分を区分しない方法

債権金額（額面金額）を**売上債権の価額**として計上する。

金銭債権・貸倒引当金②

解答

問1

損益計算書
自×4年4月1日　至×5年3月31日　（単位：円）

⋮

Ⅲ　販売費及び一般管理費	
1．貸倒引当金繰入	（1,278）
営業利益	×××
Ⅳ　営業外費用	
1．貸倒引当金繰入	（153,719）
経常利益	×××

貸借対照表
×5年3月31日　（単位：円）

Ⅰ　流動資産		
⋮		
売掛金	（100,000）	
貸倒引当金	（△1,440）	（98,560）
⋮		
Ⅱ　固定資産		
⋮		
長期貸付金	（100,000）	
貸倒引当金	（△3,719）	（96,281）
破産更生債権等	（200,000）	
貸倒引当金	（△150,000）	（50,000）

問2

（単位：円）

借方科目	金額	貸方科目	金額
貸倒引当金	1,814	受取利息	1,814

解説

貸倒引当金を設定する問題です。債権の区分ごとに貸倒引当金の算定方法が異なるので注意しましょう。

1 決算整理仕訳等

(1) 一般債権（貸倒実績率法）

一般債権の貸倒引当金を設定するために、過去の貸倒実績率を計算し、３年間の平均を求めます。

×1年度：1,292円÷95,000円＝1.36％

×2年度：1,638円÷105,000円＝1.56％

×3年度：1,428円÷102,000円＝1.40％

∴　貸倒実績率：(1.36％＋1.56％＋1.40％)÷３＝1.44％

B/S 貸倒引当金（売掛金）：100,000円×1.44％＝1,440円

P/L 貸倒引当金繰入（販売費及び一般管理費）：1,440円－162円＝1,278円

(貸倒引当金繰入)	1,278	(貸　倒　引　当　金)	1,278

(2) 貸倒懸念債権（キャッシュ・フロー見積法）

債権元本および利息について元本の回収および利息の受取りが見込まれる時点から、当期末までの期間にわたり「当初の約定利子率」で割り引いた金額の総額と債権の帳簿価額との差額を貸倒見積高として引当金を計上します。

割引現在価値の合計：$\frac{3{,}000\text{円}}{1.05}+\frac{103{,}000\text{円}}{1.05^2}$≒96,281円（四捨五入）

B/S 貸倒引当金（長期貸付金）：100,000円－96,281円＝3,719円
（100,000円：債権金額）

(貸倒引当金繰入)	3,719	(貸　倒　引　当　金)	3,719

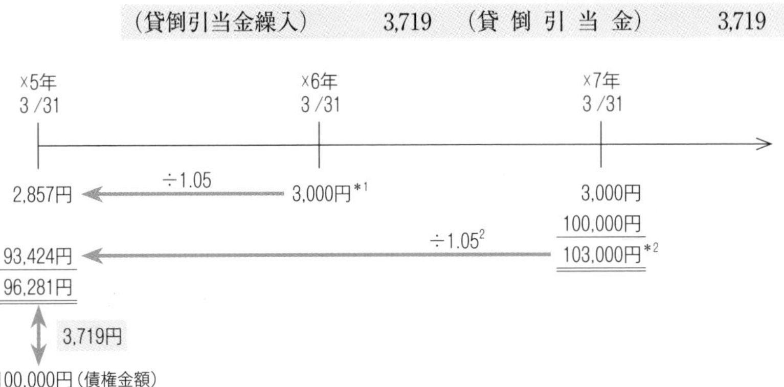

CH 12 金銭債権・貸倒引当金

＊1　1年後のキャッシュ・フロー（×6年3月31日）：100,000円（債権金額）×3%（条件緩和後の約定利子率）＝3,000円

＊2　2年後のキャッシュ・フロー：100,000円（債権金額）＋3,000円＝103,000円

(3)　破産更生債権等（財務内容評価法）

財務内容評価法では回収見込額を債権額から差し引いた額を貸倒見積額として引当金を設定します。

B/S　貸倒引当金（破産更生債権等）：200,000円（破産更生債権等）－50,000円（保証による回収見込額）＝150,000円

（破産更生債権等）	200,000	（長 期 貸 付 金）	200,000
（貸倒引当金繰入）	150,000	（貸 倒 引 当 金）	150,000

P/L　貸倒引当金繰入（営業外費用）：3,719円＋150,000円＝153,719円

2　翌期のA社に対する長期貸付金の処理

キャッシュ・フロー見積法により貸倒見積高を算定して、貸倒引当金を設定している場合、時の経過により貸倒引当金が減額します。この減額分を受取利息勘定を用いて処理します。

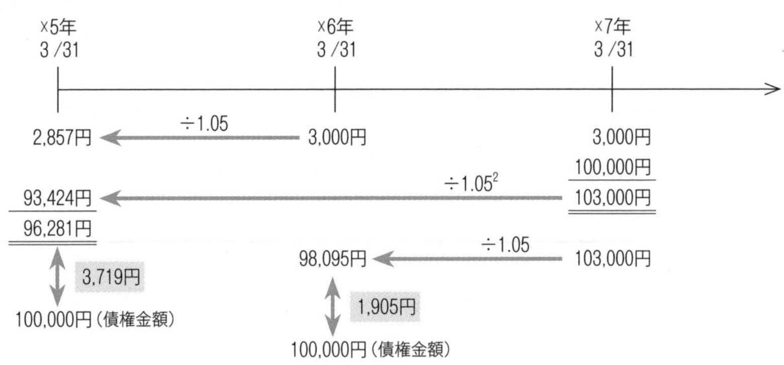

受取利息（貸倒引当金戻入）：3,719円（×4年度末の貸倒引当金）－1,905円（×5年度末の貸倒引当金）＝1,814円

（貸 倒 引 当 金）	1,814	（受 取 利 息）	1,814

この問題のポイントはこれ!!

① 一般債権の貸倒見積高の計算方法を理解しているか？

・貸倒実績率＝$\dfrac{\text{算定期間における実際貸倒高}}{\text{債権の期末残高}}$

・貸倒見積高＝債権の期末残高×貸倒実績率

② 貸倒懸念債権（財務内容評価法）の計算方法を理解しているか？

・貸倒見積高＝(債権金額－担保処分・保証回収見込額)×貸倒設定率

③ 貸倒懸念債権（キャッシュ・フロー見積法）の計算方法を理解しているか？

・貸倒見積高＝債権金額－将来キャッシュ・フローの割引現在価値

・繰入れ：**貸倒引当金繰入**

・時の経過による貸倒引当金の減額：**受取利息**または**貸倒引当金戻入**

④ 破産更生債権等（財務内容評価法）の計算方法を理解しているか？

・貸倒見積高＝債権金額－担保処分・保証回収見込額

CH 12 金銭債権・貸倒引当金

金銭債権・貸倒引当金③

解答

（単位：円）

	借方科目	金額	貸方科目	金額
1	貸倒引当金 繰越利益剰余金	8,000 2,000	貸付金	10,000
2	貸倒引当金 貸倒損失	2,000 18,000	売掛金	20,000
3	仮受金	5,000	償却債権取立益	5,000

解説

本問は会計方針の変更の問題です。引当金の過不足の額が、「計上時の見積り誤り」に起因するものか、「当期中の状況の変化」に起因するものかに注意して処理をしましょう。

1 計上時の見積りの誤り

計上時の見積りの誤りは「誤謬の訂正」に該当します。この場合、修正再表示をするため、過去の誤謬を訂正することになります。

（貸倒引当金）	8,000	（貸付金）	10,000
（繰越利益剰余金）	2,000		

過去の誤謬による貸倒引当金の不足額は、過去の貸倒引当金の設定が間違っていたために生じたものと考えます。

よってここでは、前期の費用を増加させるため、繰越利益剰余金を減額します。

2 当期中の状況の変化

過去の財務諸表作成時に最善の見積りを行ったにもかかわらず「当期中の状況の変化」によって見積りの変更があった場合には、当期の営業損益か営業外損益として認識します。

（貸倒引当金）	2,000	（売掛金）	20,000
（貸倒損失）	18,000		

売掛金に対する貸倒れなので、営業損益（販売費及び一般管理費）として貸倒損失を計上します。

3 過年度貸倒処理済債権の当期回収

過年度に貸し倒れたとして債権から直接減額して処理した後、回収があった場合には、「償却債権取立益」として処理します。

（仮　受　金）	5,000	（償却債権取立益）	5,000

償却債権取立益は原則として「営業外収益」の区分に表示します。

この問題のポイントはこれ!!

▶ **引当金の過不足について、ケースに応じた処理を理解しているか？**

・計上時の見積り誤り：**誤謬の訂正**に該当

⇒修正再表示

・当期中の状況の変化：**会計上の見積りの変更**に該当

⇒営業損益または営業外損益

手形

解答

(1) 決算整理前残高試算表（一部）

決算整理前残高試算表　　　(単位：円)

借方	金額	貸方	金額
受取手形	(139,200)	支払手形	(24,000)
売掛金	(168,800)	貸倒引当金	(3,880)
貸倒損失	(600)	売上	(1,700,000)
手形売却損	(2,000)		

(2) 貸借対照表（一部）

貸借対照表

×2年3月31日　　　(単位：円)

資産の部			負債の部	
Ⅰ 流動資産			Ⅰ 流動負債	
受取手形	(135,800)		支払手形	(24,000)
売掛金	(166,800)			
計	(302,600)			
貸倒引当金	(△6,340)	(296,260)		
Ⅱ 固定資産				
3 投資その他の資産				
破産更生債権等	(5,400)			
貸倒引当金	(△1,800)	(3,600)		

解説

1 ［資料Ⅱ］の当期中の取引

1．売上取引

（売　掛　金）	1,240,000	（売　　　上）	1,700,000
（支 払 手 形）	96,000*1		
（受 取 手 形）	364,000*2		

＊1　自己振出の約束手形

＊2　他社振出の約束手形

前T/B 支払手形：120,000円－96,000円＝24,000円

2．手形の割引

（当 座 預 金）	38,000	（受 取 手 形）	40,000
（手形売却損）	2,000		

3．売掛金の貸倒れ

（貸倒引当金）	3,200*1	（売　掛　金）	3,800
（貸 倒 損 失）	600*2		

＊1　前期計上分

＊2　当期計上分

前T/B 貸倒引当金：7,080円－3,200円＝3,880円

4．為替手形の振出し

（買　掛　金）	57,000	（売　掛　金）	57,000

5．手形の裏書き

（買　掛　金）	36,000	（受 取 手 形）	36,000

6．売掛金の回収

（当 座 預 金）	836,400	（売　掛　金）	1,176,400
（受 取 手 形）	340,000		

前T/B 売掛金：166,000円＋1,240,000円－3,800円－57,000円－1,176,400円＝168,800円

7．手形の取立て

（当座預金）	626,800	（受取手形）	626,800

前T/B 受取手形：138,000円＋364,000円－40,000円－36,000円
＋340,000円－626,800円＝139,200円

2 ［資料Ⅲ］の決算整理事項

1．破産更生債権等への振替え

H社裏書きの手形は、第三者が支払人なので、破産更生債権等には該当しません。

（破産更生債権等）	5,400	（受取手形）	3,400
		（売掛金）	2,000

B/S 受取手形：139,200円－3,400円＝135,800円

B/S 売掛金：168,800円－2,000円＝166,800円

2．貸倒引当金の設定

（貸倒引当金繰入）	4,260*	（貸倒引当金）	4,260

＊ 破産更生債権等：5,400円－3,600円＝1,800円
貸倒懸念債権：600円×50％＝300円
一般債権：（135,800円（受取手形）＋166,800円（売掛金）－600円（貸倒懸念債権））×２％＝6,040円
合計：1,800円＋300円＋6,040円＝8,140円
貸倒引当金繰入：8,140円－3,880円（前T/B）＝4,260円

B/S 貸倒引当金（一般債権・貸倒懸念債権）：6,040円＋300円＝6,340円

B/S 貸倒引当金（破産更生債権等）：1,800円

この問題のポイントはこれ!!

▶ **各種手形の会計処理を理解しているか？**

・約束手形を受け取ったとき

⇒自己振出の場合：**支払手形の減少**

⇒他人振出の場合：**受取手形の増加**

・為替手形を振り出したとき

⇒「振り出した」：振出人の処理

…通常は受取手形も支払手形もでてこない

⇒「受け取った」：指図人の処理

…**受取手形の増加**

⇒「引き受けた」：名宛人の処理

…**支払手形の増加**

保証債務の計上・取崩し

解答

損益計算書
自×1年4月1日　至×2年3月31日　（単位：円）

⋮

Ⅳ 営業外収益	
1．保証債務取崩益	（ 1,600 ）
Ⅴ 営業外費用	
1．保証債務費用	（ 2,500 ）
2．手形売却損	（ 1,400 ）
経常利益	×××

貸借対照表
×2年3月31日　（単位：円）

Ⅰ 流動資産		Ⅰ 流動負債	
現金預金	（ 107,600）	⋮	
受取手形	（ 90,000）	保証債務	（ 2,500）
不渡手形	（ 41,000）		

解説

保証債務の計上と取崩しに関する問題です。保証債務を計上する際には、費用が発生し、取り崩す際には、収益が発生します。

1 保証債務の計上

手形の割引きの処理をします。割引料は手形売却損で処理します。また、偶発債務（時価）を見積り保証債務（負債）として処理するとともに、保証債務費用を計上します。

（当座預金）	48,600*1	（受取手形）	50,000
（手形売却損）	1,400		
（保証債務費用）	2,500*2	（保証債務）	2,500

＊1　50,000円－1,400円＝48,600円

＊2　50,000円×５％＝2,500円

P/L 手形売却損：1,400円

P/L 保証債務費用：2,500円

B/S 受取手形：140,000円－50,000円＝90,000円

2 保証債務の取崩し

裏書譲渡した手形が不渡りになった場合、手形代金に利息を含めた金額を不渡手形として計上します。

（不渡手形）	41,000[*1]	（当座預金）	41,000
（保証債務）	1,600[*2]	（保証債務取崩益）	1,600

＊1　40,000円＋1,000円＝41,000円

＊2　前T/B

P/L 保証債務取崩益：1,600円

B/S 保証債務：1,600円＋2,500円－1,600円＝2,500円

B/S 現金預金：100,000円＋48,600円－41,000円＝107,600円

B/S 不渡手形：41,000円

この問題のポイントはこれ!!

① 保証債務の計上時の会計処理を理解しているか？

・保証債務が計上される取引
　⇒手形の**裏書時**・手形の**割引時**

・保証債務の計上時の会計処理
　⇒**保証債務費用**を計上、相手科目は**保証債務**

② 保証債務の取崩時の会計処理を理解しているか？

・保証債務が取崩される取引
　⇒裏書き・割引きした手形が**決済**した、もしくは**不渡り**となったとき。

・保証債務の取崩時の会計処理
　⇒**保証債務取崩益**を計上、**保証債務**を取り崩す。

理論問題

解答

ア	イ	ウ
貨幣の時間価値	貸倒懸念債権	破産更生債権等

（注）イ、ウは順不同

解説

金銭債権に関する用語について問う問題です。

1．時間が経過することによって貨幣の価値が高くなることを（ **貨幣の時間価値** ）という。
2．債権は、回収可能性に応じて、一般債権、（ **貸倒懸念債権** ）、（ **破産更生債権等** ）に区分される。

CHAPTER 13　有価証券

CHAPTER 13−❶／3問

有価証券①

解答

<table>
<tr><td colspan="2" align="center">貸　借　対　照　表
×5年３月31日　　　　　（単位：円）</td></tr>
<tr><td>Ⅰ　流　動　資　産
　有　価　証　券（　243,229）
Ⅱ　固　定　資　産
　　　⋮
　3．投資その他の資産
　　投資有価証券（　166,000）
　　関係会社株式（　55,000）</td><td>　　⋮
Ⅱ　評価・換算差額等
　その他有価証券評価差額金（　4,000）</td></tr>
</table>

解説

本問は有価証券の評価に関する問題です。有価証券の種類ごとに異なる処理方法に注意しましょう。

1　A社株式

A社株式は売買目的有価証券なので、当期末時価で評価します。

（売買目的有価証券） 有価証券	10,000	（有価証券評価損益）	10,000

有価証券評価損益：164,000円（当期末時価）－154,000円（取得原価）＝10,000円

2　B社社債

B社社債は満期保有目的債券で償却原価法を適用しているため、償却原価をもって貸借対照表に計上します。また、償還日が決算日から１年以内なので、流動資産（有価証券）に計上します。

⑴　利払日（×5年３月末）

利息法なので、金利調整差額の償却もあわせて利払日に行っています（期中処理済み）。

（現　金　な　ど）	1,600	（有価証券利息）	1,971
（満期保有目的債券） 有価証券	371		

前T/B 有価証券利息：78,858円（取得原価）×5%（実効年利率）×$\frac{6か月}{12か月}$≒1,971円

クーポン利息：80,000円（額面）×4%（券面年利率）×$\frac{6か月}{12か月}$＝1,600円

当期償却額：1,971円－1,600円＝371円

有価証券（B社社債）：78,858円（取得原価）＋371円（当期償却額）＝79,229円

タイムテーブルで示すと、次のとおりです。

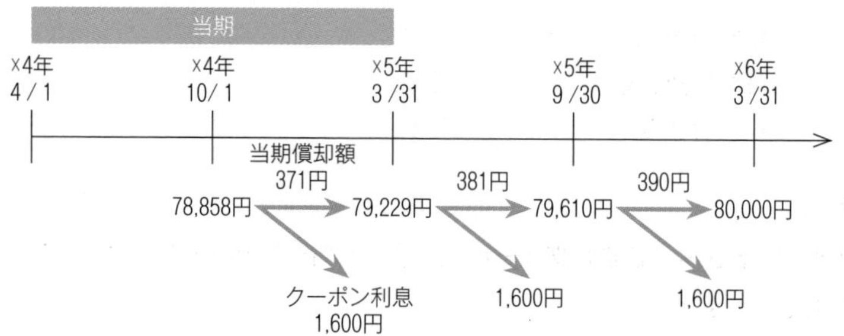

B/S 有価証券：154,000円＋10,000円（A社株式）＋79,229円（B社社債）＝243,229円

3 C社株式

C社株式は子会社株式なので、貸借対照表上、関係会社株式に計上します。また、子会社株式は取得原価をもって貸借対照表価額とします。

（子会社株式） 関係会社株式	40,000	（有　価　証　券）	40,000

4 D社株式

D社株式は関連会社株式なので、貸借対照表上、関係会社株式に計上します。また、実質価額が著しく低下（取得原価の50%以下）しているため、減損処理をします。

1株あたりの実質価額：60,000円（純資産）÷2,000株（発行済株式数）＝@30円

実質価額：@30円 × 500株 = 15,000円
　　　　　1株あたりの実質価額　所有株式数

80,000円 × 50％ = 40,000円 ＞ 15,000円 → 著しい低下（減損処理）
取得原価　　　　　　　　　実質価額

関連会社株式評価損：80,000円 − 15,000円 = 65,000円
　　　　　　　　　　取得原価　　実質価額

(1) 科目の振替え

(関連会社株式) 関係会社株式	80,000	(有価証券)	80,000

(2) 実価法

(関連会社株式評価損)	65,000	(関連会社株式) 関係会社株式	65,000

B/S 関係会社株式：40,000円 + 15,000円 = 55,000円
　　　　　　　　　C社株式　　D社株式

5 E社株式

E社株式はその他有価証券なので、貸借対照表上、投資有価証券に計上します。

取得原価と当期末時価の差額は、問題文の指示にしたがって全部純資産直入法で処理します。

(1) 科目の振替え

(その他有価証券) 投資有価証券	162,000	(有価証券)	162,000

(2) 期末の評価

(その他有価証券) 投資有価証券	4,000	(その他有価証券評価差額金)	4,000

B/S その他有価証券評価差額金：166,000円 − 162,000円 = 4,000円
　　　　　　　　　　　　　　　当期末時価　　取得原価

B/S 投資有価証券：166,000円

この問題のポイントはこれ!!

▶ **有価証券のB/S表示を理解しているか？**

B/S表示	該当する有価証券
有価証券（流動資産）	売買目的有価証券 **満期まで１年以内の債券**
投資有価証券（投資その他の資産）	満期保有目的債券・その他有価証券（満期まで１年以内の債券を除く）
関係会社株式（投資その他の資産）	子会社株式・関連会社株式

有価証券②

解答

損　益　計　算　書

自×2年４月１日　至×3年３月31日　（単位：円）

⋮

Ⅳ　営 業 外 収 益	
（有 価 証 券 利 息）	（　4,169　）
Ⅴ　営 業 外 費 用	
（有価証券評価損）	（　2,000　）
（投資有価証券評価損）	（　3,400　）
⋮	
Ⅶ　特　別　損　失	
子会社株式評価損	（　58,900　）
関連会社株式評価損	（　60,900　）

貸　借　対　照　表

×3年３月31日　（単位：円）

Ⅰ　流　動　資　産		⋮	
有　価　証　券	（　104,000）	Ⅱ　評価・換算差額等	
Ⅱ　固　定　資　産		その他有価証券評価差額金	（　8,000）
⋮			
3．投資その他の資産			
投資有価証券	（　246,669）		
関係会社株式	（　115,800）		

解説

本問は損益計算書と貸借対照表を作成する問題です。有価証券の種類による処理の違いに注意しましょう。

1　A社株式

A社株式は売買目的有価証券です。まず、未処理である洗替方式にともなう再振替仕訳を行います。

(1) 再振替仕訳

(有価証券評価損益)	6,000*	(売買目的有価証券) 有価証券	6,000

＊ 106,000円－100,000円＝6,000円

(2) 決算整理仕訳

(売買目的有価証券) 有価証券	4,000	(有価証券評価損益)	4,000*

＊ 104,000円－100,000円＝4,000円

B/S 有価証券：104,000円

P/L 有価証券評価損益：△6,000円＋4,000円＝△2,000円（評価損）

2 B社株式

B社株式は部分純資産直入法で評価されるその他有価証券です。当期首において再振替仕訳を行っていないため、科目の振替えとともに、再振替仕訳を行います。

(1) 科目の振替え

(その他有価証券) 投資有価証券	99,200	(有　価　証　券)	99,200

(2) 再振替仕訳

(その他有価証券評価差額金)	3,200*	(その他有価証券) 投資有価証券	3,200

＊ 99,200円－96,000円＝3,200円

(3) 決算整理仕訳

(その他有価証券) 投資有価証券	8,000	(その他有価証券評価差額金)	8,000

B/S その他有価証券評価差額金：104,000円－96,000円＝8,000円（評価益＝評価差額金）

3 C社株式

C社株式は部分純資産直入法で評価されるその他有価証券です。当期首において再振替仕訳を行っていないため、科目の振替えとともに、再振替仕訳を行います。

(1) 科目の振替え

(その他有価証券) 投資有価証券	96,900	(有　価　証　券)	96,900

(2) 再振替仕訳

(その他有価証券) 投資有価証券	1,700	(投資有価証券評価損)	1,700*

＊ 96,900円－98,600円＝△1,700円

(3) 決算整理仕訳

当期末の評価替えを行います。部分純資産直入法での評価損は投資有価証券評価損（営業外費用）となることに注意しましょう。

（投資有価証券評価損）	5,100*	（その他有価証券） 投資有価証券	5,100

＊ 93,500円－98,600円＝△5,100円

P/L 投資有価証券評価損：1,700円－5,100円＝△3,400円

4 D社株式

D社株式は子会社株式ですが、著しい下落であり、回復の見込みも不明であるため、期末時価まで強制評価減します。

(1) 科目の振替え

（子会社株式） 関係会社株式	115,900	（有価証券）	115,900

(2) 決算整理仕訳

（子会社株式評価損）	58,900	（子会社株式） 関係会社株式	58,900

P/L 子会社株式評価損：57,000円－115,900円＝△58,900円

5 E社株式

E社株式は関連会社株式ですが、E社の財政が著しく悪化しているため、実質価額にまで評価損を計上します。

(1) 科目の振替え

（関連会社株式） 関係会社株式	119,700	（有価証券）	119,700

(2) 決算整理仕訳

（関連会社株式評価損）	60,900	（関連会社株式） 関係会社株式	60,900

P/L 関連会社株式評価損：294,000円×20%（実質価額）－119,700円＝△60,900円

B/S 関係会社株式：57,000円（D社株式）＋58,800円（E社株式）＝115,800円

6 F社社債

F社社債は満期保有目的債券で償却原価法を適用しているため、償却原価をもって貸借対照表に計上します。

(1) 科目の振替え

(満期保有目的債券) 投資有価証券	49,000	(有　価　証　券)	49,000

(2) 償却額の計上

(満期保有目的債券) 投資有価証券	169	(有価証券利息)	169

有価証券利息：83円*1＋86円*2＝169円

＊1　4月1日～9月30日の償却額

$$49{,}000円 \times 8.5\% \times \frac{6か月}{12か月} \fallingdotseq 2{,}083円（利息配分額）$$

$$2{,}083円 - 50{,}000円 \times 8\% \times \frac{6か月}{12か月} = 83円（償却額）$$

＊2　10月1日～3月31日の償却額

$$(49{,}000円 + 83円) \times 8.5\% \times \frac{6か月}{12か月} \fallingdotseq 2{,}086円（利息配分額）$$

$$2{,}086円 - 50{,}000円 \times 8\% \times \frac{6か月}{12か月} = 86円（償却額）$$

B/S 投資有価証券：104,000円（B社株式）＋93,500円（C社株式）＋49,169円（F社社債）＝246,669円

P/L 有価証券利息：4,000円（前T/B）＋169円＝4,169円

この問題のポイントはこれ!!

① 償却原価法の償却額計算のタイミングを理解しているか？

⇒定額法：**決算日**に行う

⇒利息法：**利払日**と**決算日**に行う

② その他有価証券の評価差額の会計処理を理解しているか？

	評価損	評価益
全部純資産直入法	その他有価証券評価差額金（純資産の部）	
部分純資産直入法	投資有価証券評価損 (営業外費用)	

CHAPTER 13－❸／3問

理論問題

解答

ア	イ	ウ
実価法	切放法	約定日

解説

有価証券に関する用語について問う問題です。

1．有価証券の減損処理には、強制評価減と（ **実価法** ）があり、当該処理には（ **切放法** ）が適用されるため、翌期首に取得原価に振り戻す処理はしない。

2．有価証券は、契約締結日に売買を認識する（ **約定日** ）基準を原則として認識をおこなう。

CHAPTER 14 デリバティブ取引

CHAPTER 14–❶／3問 デリバティブ取引①

解答

問1

損 益 計 算 書

自×3年4月1日　至×4年3月31日

（単位：千円）

⋮

Ⅳ 営業外収益	
先物利益	（ 9,000 ）
金利スワップ差益	（ 2,300 ）
Ⅴ 営業外費用	
先物損失	（ － ）
金利スワップ差損	（ － ）
支払利息	（ 3,000 ）

問2

勘定科目	金額
現金預金	215,000千円
借入金	100,000千円
金利スワップ資産	2,300千円

解説

本問は債券先物取引と金利スワップ取引に関する問題です（仕訳単位：千円）。

1 空欄推定

(1) 先物損益

前T/B 先物損益：（@100千円－@98千円）×3,000口＝6,000千円

(2) 仮受金

資料Ⅱ2．金利スワップ取引の中で金利交換日での受取額を仮受金として処理しているとあるので、仮受金は変動金利と固定金利の差額であることがわかります。

前T/B 仮受金：100,000千円×3.5%（変動金利）－100,000千円×3%（固定金利）＝500千円

2 債券先物取引

(1) 再振替仕訳

前T/Bより、期首に再振替仕訳が行われていると、判断できます。

(先物損益)	6,000*	(先物取引差金)	6,000

＊ (@100千円－@98千円)×3,000口＝6,000千円

(2) 決済日（未処理）

未処理である差金決済の処理をします。

(現金預金)	15,000	(先物損益)	15,000*

＊ (@100千円－@95千円)×3,000口＝15,000千円

B/S 現金預金：200,000千円＋15,000千円＝215,000千円

P/L 先物損益：△6,000千円＋15,000千円＝9,000千円（先物利益）

3 金利スワップ取引

(1) 期中仕訳の修正

①実際に行った仕訳

(現金預金)	500	(仮受金)	500

前T/B 仮受金：100,000千円×3.5%（変動金利）－100,000千円×3%（固定金利）＝500千円

②あるべき仕訳

(現金預金)	500	(支払利息)	500

③修正仕訳（②－①）

(仮受金)	500	(支払利息)	500

P/L 支払利息：3,500千円（前T/B）－500千円＝3,000千円

(2) 決算整理仕訳

金利スワップ取引から生じた正味の債権の時価評価をします。

(金利スワップ資産)	2,300	(金利スワップ差損益)	2,300

B/S 金利スワップ資産：2,300千円（金利スワップの時価）

P/L 金利スワップ差損益：2,300千円（金利スワップ差益）

CH 14 デリバティブ取引

この問題のポイントはこれ!!

① デリバティブ取引により生じる正味の債権および債務の会計処理を理解しているか？

⇒貸借対照表価額：時価

⇒評価差額：当期の損益

② 先物取引の時価評価を理解しているか？

買建取引	買予約しておいて、売決済	時価上昇⇒利益
		時価下落⇒損失
売建取引	売予約しておいて、買決済	時価上昇⇒損失
		時価下落⇒利益

デリバティブ取引②

解答

問1

貸借対照表

×3年3月31日 (単位：千円)

先物取引差金	(1,000)	先物取引差金	(ー)
金利スワップ資産	(ー)	金利スワップ負債	(1,360)
投資有価証券	(50,500)	長期借入金	(240,000)
その他有価証券評価差額金	(1,500)	その他有価証券評価差額金	(ー)
繰延ヘッジ損益	(360)	繰延ヘッジ損益	(ー)

損益計算書

自×2年4月1日 至×3年3月31日

(単位：千円)

⋮

Ⅳ 営業外収益	
投資有価証券評価益	(ー)
Ⅴ 営業外費用	
支払利息	(10,320)
投資有価証券評価損	(ー)

問2

貸借対照表

×3年3月31日 (単位：千円)

先物取引差金	(1,000)	先物取引差金	(ー)
金利スワップ資産	(ー)	金利スワップ負債	(1,360)
投資有価証券	(50,500)	長期借入金	(240,000)
その他有価証券評価差額金	(ー)	その他有価証券評価差額金	(ー)
繰延ヘッジ損益	(1,360)	繰延ヘッジ損益	(ー)

損　益　計　算　書
自×2年4月1日　至×3年3月31日
（単位：千円）

⋮

Ⅳ　営業外収益	
投資有価証券評価益	（　　－　）
Ⅴ　営業外費用	
支払利息	（10,320）
投資有価証券評価損	（500）

解説

本問はヘッジ取引に関する問題です。繰延ヘッジと時価ヘッジの処理の違いに注意しましょう（仕訳単位：千円）。

問1　繰延ヘッジによる処理

1　A社社債

社債の仕訳と先物取引の仕訳を分けて考えます。

(1)　債券取得および債券先物売建時（×2年11月1日）

①A社社債に係る仕訳

（投資有価証券）	52,000*	（現金など）	52,000

＊　@104円×500千口＝52,000千円（取得原価）

②債券先物に係る仕訳

債券先物売建時においては、デリバティブ取引として認識すべき額が0（ゼロ）なので、仕訳はしません。

仕訳なし

(2)　決算整理仕訳（×3年3月31日）

①A社社債に係る仕訳

（その他有価証券評価差額金）	1,500	（投資有価証券）	1,500

B/S その他有価証券評価差額金：（@101円－@104円）×500千口＝△1,500千円（借方）

B/S 投資有価証券：52,000千円－1,500千円＝50,500千円

②債券先物に係る仕訳

(先物取引差金)	1,000	(繰延ヘッジ損益)	1,000

B/S 先物取引差金：(@111円－@109円)×500千口＝1,000千円

2 借入金

(1) 借入時(×2年4月1日)

(現 金 な ど)	240,000	(長 期 借 入 金)	240,000

B/S 長期借入金：240,000千円

(2) 利払時(×3年3月31日)

①変動金利の支払い

(支 払 利 息)	9,600*	(現 金 な ど)	9,600

＊ 240,000千円×(1.8%＋2.2%)＝9,600千円
(1.8%：3/31TIBOR)

②金利スワップ契約にもとづく利息の受払い

(支 払 利 息)	720*	(現 金 な ど)	720

＊ 240,000千円×(2.1% － 1.8%)＝720千円
(2.1%：支払利率、1.8%：受取利率 3/31TIBOR)

P/L 支払利息：9,600千円＋720千円＝10,320千円

(3) 決算整理仕訳(×3年3月31日)

(繰延ヘッジ損益)	1,360	(金利スワップ負債)	1,360

B/S 金利スワップ負債：1,360千円(金利スワップの時価)

B/S 繰延ヘッジ損益：1,000千円－1,360千円＝△360千円(借方)

問2 時価ヘッジによる処理

1 A社社債

(1) 債券取得および債券先物売建時(×2年11月1日)

①A社社債に係る仕訳

(投資有価証券)	52,000*	(現 金 な ど)	52,000

＊ @104円×500千口＝52,000千円(取得原価)

②債券先物に係る仕訳

債券先物売建時においては、デリバティブ取引として認識すべき額が0(ゼロ)なので、仕訳はしません。

仕　訳　な　し

(2) 決算整理仕訳（×3年3月31日）

①A社社債に係る仕訳

（投資有価証券評価損益）	1,500*	（投資有価証券）	1,500

*　（@101円－@104円）×500千口＝△1,500千円（評価損）

②債券先物に係る仕訳

（先物取引差金）	1,000	（投資有価証券評価損益） または先物損益	1,000*

*　（@111円－@109円）×500千口＝1,000千円

P/L 投資有価証券評価損益：1,000千円－1,500千円＝△500千円（評価損）

B/S 先物取引差金：1,000千円

B/S 投資有価証券：52,000千円－1,500千円＝50,500千円

2 借入金

(1) 借入時（×2年4月1日）

（現金など）	240,000	（長期借入金）	240,000

B/S 長期借入金：240,000千円

(2) 利払時（×3年3月31日）

①変動金利の支払い

（支払利息）	9,600*	（現金など）	9,600

*　240,000千円×（1.8%＋2.2%）＝9,600千円
（1.8%：3/31時点のTIBOR）

②金利スワップ契約にもとづく利息の受払い

（支払利息）	720*	（現金など）	720

*　240,000千円×（2.1%－1.8%）＝720千円
（2.1%：支払利率、1.8%：受取利率 3/31時点のTIBOR）

P/L 支払利息：9,600千円＋720千円＝10,320千円

(3) 決算整理仕訳（×3年3月31日）

（繰延ヘッジ損益）	1,360	（金利スワップ負債）	1,360

B/S 金利スワップ負債：1,360千円（金利スワップの時価）

B/S 繰延ヘッジ損益：△1,360千円（借方）

この問題のポイントはこれ!!

▶ **繰延ヘッジと時価ヘッジの会計処理を理解しているか？**

⇒繰延ヘッジ（原則）：ヘッジ手段に係る損益または評価差額を、ヘッジ対象に係る損益が認識されるまで純資産の部において**繰延ヘッジ損益として繰り延べる。**

⇒時価ヘッジ（容認）：ヘッジ対象である資産または負債に係る相場変動などを損益に反映させることにより、その損益とヘッジ手段に係る損益とを**同一の会計期間に認識する。**

CHAPTER 14−❸／3問　理論問題

解答

ア	イ	ウ
オプション取引	時価	当期の損益
エ	オ	
時価ヘッジ	繰延ヘッジ	

解説

デリバティブ取引に関する用語について問う問題です。

1．デリバティブ取引は、主に先物取引、スワップ取引、（ **オプション取引** ）の3つに分類される。
2．デリバティブ取引により生じる正味の債権および債務は、（ **時価** ）をもって貸借対照表価額とし、評価差額は、原則として（ **当期の損益** ）として処理する。
3．ヘッジ会計のうち、ヘッジ対象の損益をその変動時に計上するのを（ **時価ヘッジ** ）、ヘッジ手段の損益計上をヘッジ対象の損益計上に合わせるのを（ **繰延ヘッジ** ）という。

模擬試験　第1回 解答解説

商業簿記

解答

残高試算表

x7年3月31日　　(単位：千円)

借方科目	金額	貸方科目	金額
現金預金	(❷ 15,840)	支払手形	(❷ 5,760)
受取手形	(39,120)	買掛金	(9,000)
売掛金	(35,880)	預り保証金	(12,000)
繰越商品	(10,800)	未払法人税等	(32,400)
甲事業部資産	(22,380)	未払金	(1,920)
リース資産	(❷ 37,260)	リース債務	(7,192)
満期保有目的債券	(9,375)	長期リース債務	(❷ 23,118)
その他有価証券	(❷ 8,700)	退職給付引当金	(❷ 13,050)
破産更生債権等	(72,000)	その他負債	68,768
その他資産	79,448	貸倒引当金	(❷ 50,250)
繰延税金資産	(❷ 33,240)	甲事業部資産減価償却累計額	(14,580)
仕入	(❷ 122,310)	リース資産減価償却累計額	(7,452)
商品評価損	(450)	資本金	48,000
棚卸減耗損	(360)	資本準備金	2,400
退職給付費用	(660)	利益準備金	1,200
減価償却費	(❷ 8,262)	繰越利益剰余金	(6,000)
支払利息	(1,405)	売上	(163,080)
貸倒引当金繰入	(49,890)	有価証券利息	(❷ 270)
その他有価証券評価損益	(600)	その他収益	166,320
減損損失	(❷ 13,620)	法人税等調整額	(❶ 27,240)
その他費用	30,000		
法人税等	(68,400)		
	(660,000)		(660,000)

●数字は採点基準　合計25点

解説

本問は決算整理後残高試算表を作成する総合問題です。出題頻度の高い論点である有価証券の処理および基本的な論点である貸倒引当金の処理については確実にマスターしてください。また、商業簿記では、決算整理後残高試算表作成の総合問題の出題頻度が高いので、ケアレスミスなどをなくし、しっかりと得点できるように、本問をとおして練習しましょう。

(仕訳単位：千円)

1 現金預金

(1) 銀行勘定調整表

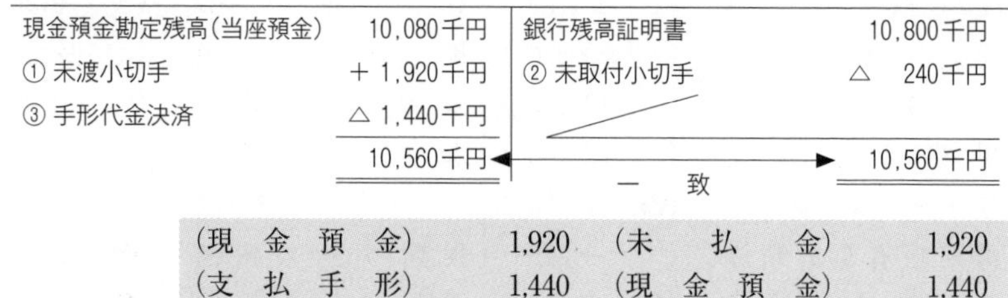

現金預金勘定残高(当座預金)	10,080千円	銀行残高証明書	10,800千円
① 未渡小切手	＋ 1,920千円	② 未取付小切手	△ 240千円
③ 手形代金決済	△ 1,440千円		
	10,560千円	一致	10,560千円

(現金預金)	1,920	(未払金)	1,920
(支払手形)	1,440	(現金預金)	1,440

後T/B 支払手形：7,200千円〈前T/B〉－1,440千円＝5,760千円

(2) 先日付小切手

先日付小切手は受取手形で処理します。

(受取手形)	720	(現金預金)	720

後T/B 現金預金：16,080千円〈前T/B〉＋1,920千円－1,440千円－720千円＝15,840千円

後T/B 受取手形：38,400千円〈前T/B〉＋720千円＝39,120千円

2 商品売買

・売価還元低価法（商品評価損を計上する方法）

答案用紙に商品評価損があるため、商品評価損を計上する方法であることを読み取ります。

① 原価ボックス等

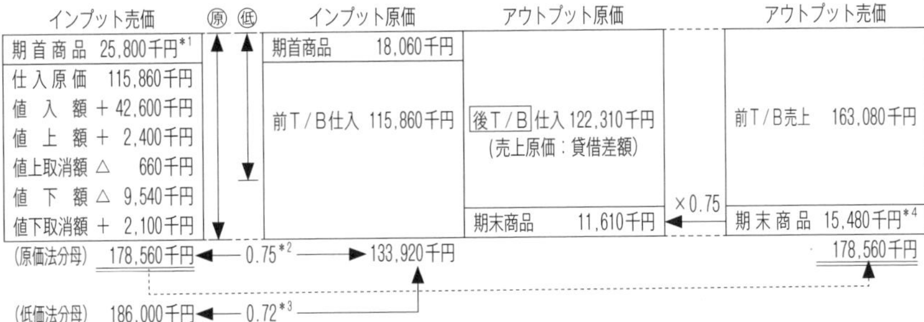

＊1　18,060千円÷70%〈前期原価率〉＝25,800千円〈期首商品売価〉

＊2　原価法原価率：$\frac{133,920千円}{178,560千円}=0.75$

＊3　低価法原価率：$\frac{133,920千円}{186,000千円}=0.72$

＊4　178,560千円－163,080千円＝15,480千円〈期末商品帳簿売価〉

② 期末商品の評価

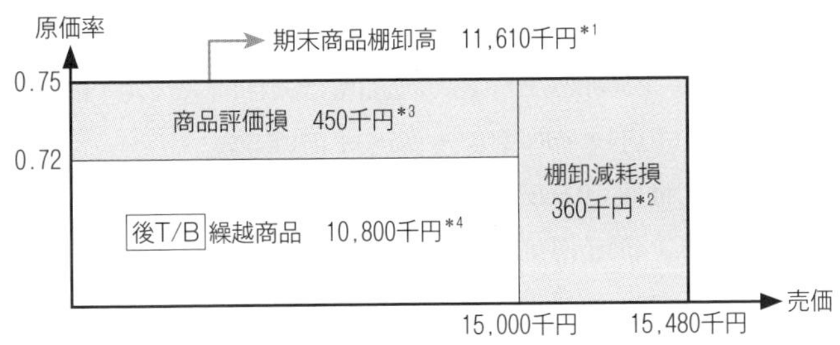

＊1　15,480千円×0.75＝11,610千円

＊2　(15,480千円－15,000千円)×0.75＝360千円

＊3　15,000千円×(0.75－0.72)＝450千円

＊4　15,000千円×0.72＝10,800千円

③ 仕　訳

(仕　　　入)	18,060	(繰 越 商 品)	18,060
(繰 越 商 品)	11,610	(仕　　　入)	11,610
(商品評価損)	450	(繰 越 商 品)	810
(棚卸減耗損)	360		

3 貸倒引当金

⑴ 一般債権

（貸倒引当金繰入）	1,890*	（貸倒引当金）	1,890

＊ 39,120千円〈受取手形〉＋35,880千円〈売掛金〉＝75,000千円〈期末売上債権〉

75,000千円×３％＝2,250千円〈貸倒引当金設定額〉

2,250千円－360千円〈前T/B貸倒引当金〉＝1,890千円〈繰入〉

⑵ 破産更生債権等

（破産更生債権等）	72,000	（貸付金）	72,000
（貸倒引当金繰入）	48,000*	（貸倒引当金）	48,000

＊ 72,000千円〈債権金額〉－24,000千円〈担保〉＝48,000千円〈貸倒引当金設定額〉

後T/B 貸倒引当金：2,250千円〈一般債権〉＋48,000千円〈破産更生債権等〉＝50,250千円

後T/B 貸倒引当金繰入：1,890千円＋48,000千円＝49,890千円

4 満期保有目的債券

⑴ クーポン利息の計上（処理済み）

（現金預金）	450*	（有価証券利息）	450

＊ 9,000千円〈額面金額〉×５％〈クーポン利子率〉＝450千円

⑵ 償却原価法（利息法）

（有価証券利息）	180*	（満期保有目的債券）	180

＊ 9,555千円〈前T/B満期保有目的債券〉×2.83％〈実効利子率〉≒270千円〈利息配分額〉

270千円－450千円〈クーポン利息〉＝△180千円〈償却額〉

後T/B 満期保有目的債券：9,555千円〈前T/B〉－180千円＝9,375千円

後T/B 有価証券利息：450千円〈前T/B〉－180千円＝270千円

5 その他有価証券

前T/Bのその他有価証券の金額が前期末時価であることから、期首振戻が行われていないことと読み取ります。

⑴ 再振替仕訳

（その他有価証券）	300*1	（その他有価証券評価損益）	300
（法人税等調整額）	120*2	（繰延税金資産）	120

＊1 @480千円×20株＝9,600千円〈原価〉

@465千円×20株＝9,300千円〈前期末時価＝期首簿価〉

9,300千円－9,600千円＝△300千円〈前期末の評価損〉

＊2　300千円×40％〈税率〉＝120千円

(2)　**期末評価替え**

(その他有価証券評価損益)	900＊1	(その他有価証券)	900
(繰延税金資産)	360＊2	(法人税等調整額)	360

＊1　@435千円×20株＝8,700千円〈当期末時価〉

8,700千円－9,600千円＝△900千円〈当期末の評価損〉

＊2　900千円×40％〈税率〉＝360千円

後T/B　その他有価証券：8,700千円〈当期末時価〉

後T/B　その他有価証券評価損益：300千円－900千円＝△600千円〈評価損〉

6　減損会計

(1)　**減価償却費の計上**

(減価償却費)	810	(甲事業部資産減価償却累計額)	810

後T/B　甲事業部資産減価償却累計額：13,770千円〈前T/B〉＋810千円＝14,580千円

(2)　**減損損失の認識**

減損損失計上前簿価：36,000千円〈取得原価〉－14,580千円〈減価償却累計額〉＝21,420千円

割引前将来キャッシュ・フロー：540千円×20年＝10,800千円
360千円÷1.04≒346千円
360千円÷1.04^2≒333千円
} 11,479千円

(注) 減損損失を認識するかどうかを判定するために割引前将来キャッシュ・フローを見積る期間は、資産の経済的残存使用年数と20年のいずれか短い方とします。資産の経済的残存使用年数が20年を超える場合には、20年経過時点の回収可能価額を算定し、20年目までの割引前将来キャッシュ・フローに加算します。

認識の判定：21,420千円〈減損損失計上前簿価〉＞11,479千円〈割引前将来キャッシュ・フロー〉

→ 減損損失を認識

(3)　**減損損失の測定**

(減損損失)	13,620＊	(甲事業部資産)	13,620

＊　使用価値：540千円×13.59≒7,339千円
360千円×0.44≒158千円
360千円×0.42≒151千円
} 7,648千円

回収可能価額：7,800千円〈正味売却価額〉>7,648千円〈使用価値〉

→ 7,800千円〈正味売却価額〉が回収可能価額

減損損失：21,420千円〈減損損失計上前簿価〉－7,800千円〈回収可能価額〉

＝13,620千円〈減損損失〉

後T／B 甲事業部資産：36,000千円〈前T／B〉－13,620千円＝22,380千円

7 リース取引

(1) リース開始時（未処理）

(リース資産)	37,260*	(リース債務)	37,260

＊ リース料総額の割引現在価値：

$\frac{8,250千円}{1+0.032} ≒ 7,994千円$

$\frac{8,250千円}{(1+0.032)^2} ≒ 7,746千円$

$\frac{8,250千円}{(1+0.032)^3} ≒ 7,506千円$

$\frac{8,250千円}{(1+0.032)^4} ≒ 7,273千円$

$\frac{8,250千円}{(1+0.032)^5} ≒ 7,048千円$

計 37,567千円

37,260千円〈見積現金購入価額〉<37,567千円〈リース料総額の割引現在価値〉

→ 見積現金購入価額で計上

(2) リース料の支払いおよびリース債務の流動・固定分類

支払日	返済前元本	リース料	利息分	元本返済分	返済後元本
×7年3月31日	37,260千円	8,250千円	1,300千円*1	6,950千円*2	30,310千円*3
×8年3月31日	30,310千円	8,250千円	1,058千円*4	7,192千円*5	23,118千円*6

＊1　37,260千円×3.49％≒1,300千円

＊2　8,250千円－1,300千円＝6,950千円

＊3　37,260千円－6,950千円＝30,310千円

＊4　30,310千円×3.49％≒1,058千円

＊5　8,250千円－1,058千円＝7,192千円

＊6　30,310千円－7,192千円＝23,118千円

(支払利息)	1,300*1	(仮払金)	8,250
(リース債務)	6,950*2		
(リース債務)	23,118	(長期リース債務)	23,118*6

(3) **減価償却**

(減価償却費)	7,452*	(リース資産減価償却累計額)	7,452

＊ 37,260千円÷5年〈リース期間〉＝7,452千円

後T/B リース債務：37,260千円－6,950千円－23,118千円＝7,192千円

後T/B 減価償却費：810千円〈甲事業部資産〉＋7,452千円〈リース資産〉＝8,262千円

後T/B 支払利息：105千円〈前T/B〉＋1,300千円＝1,405千円

8 退職給付会計

(1) **期首退職給付引当金の推定**

25,320千円〈期首退職給付債務〉－12,090千円〈期首年金資産〉＝13,230千円

(2) **退職給付費用の計上（処理済み）**

(退職給付費用)	660*	(退職給付引当金)	660

＊ 2,340千円〈勤務費用および利息費用〉－1,680千円〈期待運用収益〉＝660千円

後T/B 退職給付費用：660千円〈前T/B〉

(3) **掛金の拠出（処理済み）**

(退職給付引当金)	840	(現金預金)	840

後T/B 退職給付引当金：13,230千円〈期首〉＋660千円〈退職給付費用〉－840千円〈掛金拠出〉
＝13,050千円〈前T/B〉

9 法人税等

(法人税等)	68,400	(仮払法人税等)	36,000
		(未払法人税等)	32,400*

＊ 68,400千円－36,000千円＝32,400千円

10 税効果会計

(繰延税金資産)	27,000*	(法人税等調整額)	27,000

＊ 67,500千円〈将来減算一時差異の増加額〉×40％〈税率〉＝27,000千円

後T/B 繰延税金資産：6,000千円〈前T/B〉－120千円〈その他有価証券〉
＋360千円〈その他有価証券〉＋27,000千円＝33,240千円

後T/B 法人税等調整額：120千円〈その他有価証券〉－360千円〈その他有価証券〉
－27,000千円＝△27,240千円（貸方）

会計学

解答

第1問

(ア)	(イ)	(ウ)	(エ)	(オ)	(カ)	(キ)
⑦	⑭	⑩	⑮	⑲	④	⑧

各❶

第2問

有価証券運用益	8,100 千円	❷
関係会社株式	384,000 千円	❷
投資有価証券	236,730 千円	❷
その他有価証券評価差額金	2,100 千円	❷
有価証券利息	6,470 千円	❷

第3問

問1	6,800 円	❷
問2	6,000 円	❷
問3	△238 円	❷
問4	350 円	❶
問5	59,864 円	❶

●数字は採点基準　合計25点

解説

会計学の問題です。第１問は穴埋問題、第２問は有価証券の基本的な問題、第３問は会計上の変更と誤謬の訂正に関する問題を出題しています。いずれも出題頻度の高い論点なので確実にマスターしてください。

1 語群選択問題

(1) **費用・収益の計上基準**

すべての費用および収益は、その（⑦**支出**）および（⑭**収入**）にもとづいて計上し、その（⑩**発生**）した期間に正しく割り当てられるように処理しなければならない。ただし、（⑮**未実現収益**）は、原則として、当期の損益計算に計上してはならない。　（「損益計算書原則」一・A参照）

(2) **資産・負債の流動・固定分類（破産更生債権等）**

主目的たる営業取引により発生した債権および債務であっても、破産債権、更生債権およびこれに準ずる債権で（⑲**一年以内**）に回収されないことが明らかなものは、（④**固定資産**）たる（⑧**投資その他の資産**）に属するものとする。

（「企業会計原則注解」【注16】参照）

2 有価証券（仕訳単位：千円）

1．A社株式（売買目的有価証券）

(1) **仮受金の修正**

売買目的有価証券として保有している株式を対象として、その他資本剰余金を財源とする配当を受けた場合には、その金額を受取配当金で処理する。ただし、本問では、指示により、有価証券運用損益で処理する。

（仮　受　金）	6,000	（有価証券運用損益） 受取配当金	6,000

(2) **時価評価**

（売買目的有価証券）	3,000*	（有価証券運用損益）	3,000

＊　147,000千円〈当期末時価〉－144,000千円〈帳簿価額〉＝3,000千円〈評価益〉

∴　有価証券運用益：△900千円〈前T/B〉＋6,000千円＋3,000千円＝**8,100千円**

2．B社株式（子会社株式）

売買目的以外で保有している株式を対象として、その他資本剰余金を財源とする配当を受けた場合には、その金額を配当対象株式の帳簿価額から減額する。

(仮　受　金)	16,000	(子会社株式)	16,000

∴　関係会社株式：400,000千円〈帳簿価額〉－16,000千円＝**384,000千円**

3．C社株式（その他有価証券）

(1) 再振替仕訳

決算整理前残高試算表上、C社株式に係る繰延税金負債とその他有価証券評価差額金が計上されたままになっていることから、再振替仕訳が未処理であることを読み取る。

(繰延税金負債)	600*1	(その他有価証券)	2,000*2
(その他有価証券評価差額金)	1,400*1		

＊1　前T/B

＊2　600千円＋1,400千円＝2,000千円

(2) 時価評価

(その他有価証券)	3,000*1	(繰延税金負債)	900*2
		(その他有価証券評価差額金)	**2,100***3

＊1　22,000千円〈帳簿価額〉－2,000千円＝20,000千円〈取得原価〉
　　23,000千円〈当期末時価〉－20,000千円＝3,000千円〈評価差益〉

＊2　3,000千円×30％〈実効税率〉＝900千円

＊3　貸借差額

4．D社社債（外貨建満期保有目的債券）

(為替差損)	19,340*3	(満期保有目的債券)	17,270*1
		(有価証券利息)	2,070*2

＊1　1,908千ドル×３％〈実効利子率〉≒57千ドル〈外貨による前期の利息配分額〉
　　2,000千ドル×２％＝40千ドル〈外貨による前期のクーポン利息〉
　　57千ドル－40千ドル＝17千ドル〈外貨による前期の償却額〉
　　1,908千ドル＋17千ドル＝1,925千ドル〈外貨による前期末の償却原価〉
　　1,925千ドル×@120円＝231,000千円〈円貨による前期末の償却原価＝帳簿価額〉
　　1,925千ドル×３％〈実効利子率〉≒58千ドル〈外貨による当期の利息配分額〉
　　2,000千ドル×２％＝40千ドル〈外貨による当期のクーポン利息〉

58千ドル－40千ドル＝18千ドル〈外貨による当期の償却額〉

1,925千ドル＋18千ドル＝1,943千ドル〈外貨による当期末の償却原価〉

1,943千ドル×@110円＝213,730千円〈円貨による当期末の償却原価〉

213,730千円－231,000千円＝△17,270千円

＊2　18千ドル〈外貨による当期の償却額〉×@115円＝2,070千円〈円貨による当期の償却額〉

＊3　貸借差額

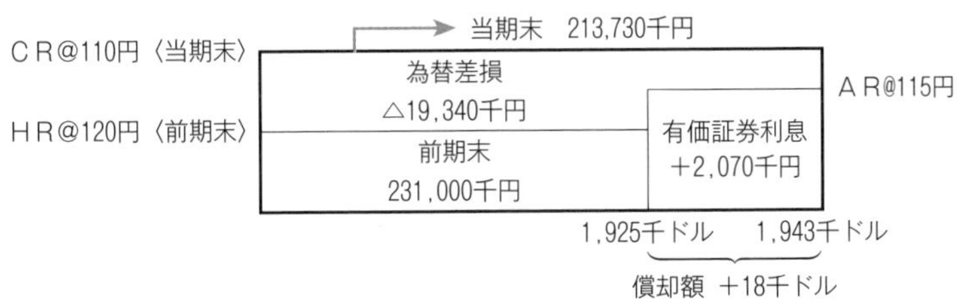

∴　投資有価証券：23,000千円〈C社株式当期末時価〉＋213,730千円〈D社社債当期末償却原価〉

＝**236,730**千円

有価証券利息：4,400千円〈前T/B〉＋2,070千円＝**6,470**千円

5．まとめ

決算整理後残高試算表を作成すると、以下のようになる。

決算整理後残高試算表

×6年3月31日　　（単位：千円）

売買目的有価証券	147,000	繰延税金負債	900
子会社株式	384,000	その他有価証券評価差額金	2,100
その他有価証券	23,000	有価証券運用損益	8,100
満期保有目的債券	213,730	有価証券利息	6,470

3 会計上の変更と誤謬の訂正

本問は会計上の変更と誤謬の訂正に関する問題です。

誤謬の訂正と正当な理由による会計方針の変更については、過去の期間すべてに遡及処理をします。

問１・問３　建物（誤謬の訂正）

(1)　過去の減価償却費の訂正

過去における建物の減価償却費の金額を誤っていたことが判明したため、この金額を修正します。

（繰越利益剰余金） 誤謬による累積的影響額	340	（建物減価償却累計額）	680
（建物減価償却費）	340		

繰越利益剰余金：3,400円（あるべき減価償却費 102,000円÷30年）－3,060円（修正前の減価償却費）＝340円（×5年度以前の修正）

建物減価償却費：3,400円（あるべき減価償却費 102,000円÷30年）－3,060円（修正前の減価償却費）＝340円（×5年度の修正）

減価償却累計額：貸借差額

×6年度に開示する×5年度財務諸表の建物減価償却累計額：3,400円（×4年度のあるべき減価償却費）＋3,400円（×5年度のあるべき減価償却費）

＝6,800円…**問１**

(2)　税効果会計

建物減価償却累計額の修正にともなって、税効果会計を行います。

（繰延税金資産）	204	（繰越利益剰余金） 誤謬による累積的影響額	102
		（法人税等調整額）	102

繰越利益剰余金：340円（(1)累積的影響額）×実効税率30%＝102円

法人税等調整額：340円（(1)建物減価償却費）×実効税率30%＝102円

繰延税金資産：680円（(1)建物減価償却累計額）×実効税率30%＝204円

誤謬による累積的影響額：△340円（(1)繰越利益剰余金）＋102円（(2)繰越利益剰余金）＝△238円…**問３**

問2　機械（会計上の見積りの変更）

耐用年数の変更は会計上の見積りの変更に該当します。×6年度に新たに得た情報によって耐用年数の変更をしたため、×5年度以前の遡及処理は行いません。したがって、旧耐用年数のままで減価償却累計額を計算します。

機械減価償却累計額：24,000円÷8年×2年＝6,000円…**問2**
（8年：旧耐用年数）

問4　商品（会計方針の変更）

(1)　商品の払出単価の計算方法の変更

問題文の資料から期首棚卸高と期末棚卸高の金額を総平均法から先入先出法へ変更します。

（商　　品）	900	（繰越利益剰余金） 会計方針の変更による累積的影響額	500
		（売上原価）	400

商品：28,000円－27,100円＝900円（×5年度期末棚卸高の修正）
（28,000円：先入先出法 ×5年度期末棚卸高、27,100円：総平均法 ×5年度期末棚卸高）

繰越利益剰余金：34,000円－33,500円＝500円（×5年度期首棚卸高の修正）
（34,000円：先入先出法 ×5年度期首棚卸高、33,500円：総平均法 ×5年度期首棚卸高）

売上原価：104,800円－104,400円＝400円（×5年度売上原価の修正）
（104,800円：総平均法 ×5年度売上原価、104,400円：先入先出法 ×5年度売上原価）

上記の仕訳は、次のように分解すると理解しやすいです。

①　前期期首商品に係る仕訳

（商　　品）	500	（繰越利益剰余金） 会計方針の変更による累積的影響額	500
（売上原価）	500	（商　　品）	500

②　前期期末商品に係る仕訳

（商　　品）	900	（売上原価）	900

(2)　税効果会計

商品棚卸高の修正にともなって、税効果会計を行います。

（繰越利益剰余金） 会計方針の変更による累積的影響額	150	（繰延税金負債）	270
（法人税等調整額）	120		

繰越利益剰余金：500円×30%＝150円
(1)繰越利益剰余金

法人税等調整額：400円×30%＝120円
(1)売上原価

繰延税金負債：900円×30%＝270円
(1)商品

会計方針の変更による累積的影響額：500円－150円＝350円…**問4**
(1)繰越利益剰余金 (2)繰越利益剰余金

問5　×6年度に開示する×5年度株主資本等変動計算書の繰越利益剰余金当期首残高

×6年度に開示する×5年度株主資本等変動計算書の繰越利益剰余金当期首残高は次のようになります。

株主資本等変動計算書（一部）	
繰越利益剰余金	
当期首残高	59,752円
誤謬による累積的影響額	△238円
会計方針の変更による累積的影響額	＋350円
遡及処理後当期首残高	59,864円

×6年度に開示する×5年度株主資本等変動計算書の繰越利益剰余金当期首残高：

59,752円－238円＋350円＝59,864円…**問5**
問3　問4

模擬試験　第2回 解答解説

商業簿記

解答

損益計算書　(単位：千円)

Ⅰ 売上高		(34,800,000)
Ⅱ 売上原価		
1. 期首商品棚卸高	(1,800,000)	
2. 当期商品仕入高	(23,000,000)	
合計	(24,800,000)	
3. 期末商品棚卸高	(2,400,000)	
差引	(22,400,000)	
4. 商品評価損	(❷ 94,400)	(22,494,400)
売上総利益		(12,305,600)
Ⅲ 販売費及び一般管理費		
1. 販売費	(1,932,504)	
2. 一般管理費	(680,080)	
3. 棚卸減耗費	(40,000)	
4. 租税公課	(493,200)	
5. 貸倒引当金繰入	(❷ 75,000)	
6. 減価償却費	(❷ 578,200)	
7. ソフトウェア償却	(❷ 16,000)	(3,814,984)
営業利益		(8,490,616)
Ⅳ 営業外収益		
1. 受取利息	(48,000)	
2. 受取配当金	(56,000)	
3. (為替差益)	(❷ 21,120)	
4. (有価証券評価益)	(❷ 16,800)	(141,920)
Ⅴ 営業外費用		
1. 支払利息	(22,360)	
2. 社債利息	(❷ 9,600)	
3. (有価証券売却損)	(30,000)	
4. (雑損失)	(❷ 80)	(62,040)
経常利益		(8,570,496)

Ⅵ 特別利益		
1.(固定資産売却益)	(❷ 17,000)	
2.(社債償還益)	(❷ 2,400)	
3.(新株予約権戻入益)	(20,000)	(39,400)
Ⅶ 特別損失		
1.貸倒引当金繰入	(540,000)	
2.(子会社株式評価損)	(1,640,000)	(❷ 2,180,000)
税引前当期純利益		(6,429,896)
法人税等	(2,400,000)	
法人税等調整額	(40,000)	(❷ 2,360,000)
当期純利益		(❶ 4,069,896)

●数字は採点基準　合計25点

解説

本問は損益計算書の作成、外貨建有価証券、為替予約の処理を問う総合問題です。出題頻度の高い論点である有価証券の処理および基本的な論点である貸倒引当金の処理については確実にマスターしてください。

(仕訳単位：千円)

損益計算書の作成

1 現金過不足

現金過不足の原因不明分については雑損失として計上します。

(現金預金)	720	(受取配当金)	800
(雑損失)	80*		

* 貸借差額

P/L 受取配当金：55,200千円（前T/B）+800千円=**56,000千円**

2 短期借入金の換算（取引後に為替予約）

(1) ×8年10月1日（予約日）

取引日と予約日の直物為替相場の差額を為替差損益（直直差額）として処理し、予約日の直物為替相場と先物為替相場の差額を前払費用（直先差額）として処理します。

（短期借入金）	28,800 *1	（為替差損益）	9,600 *2
		（前受収益）	19,200 *3

＊1　(@80円－412,800千円÷4,800千ドル)×4,800千ドル＝△28,800千円
　　　　　　　　　@86円

＊2　(@86円－@84円)×4,800千ドル＝9,600千円〈直直差額＝当期損益〉

＊3　(@84円－@80円)×4,800千ドル＝19,200千円〈直先差額＝期間配分〉

⑵ 決算日

直先差額のうち、当期に配分する額を為替差損益に振り替えます。

（前受収益）	11,520*	（為替差損益）	11,520

＊　$19{,}200千円 \times \frac{6か月}{10か月} = 11{,}520千円$〈直先差額のうち当期配分額〉
（19,200千円：直先差額）

P/L 為替差益：9,600千円＋11,520千円＝21,120千円

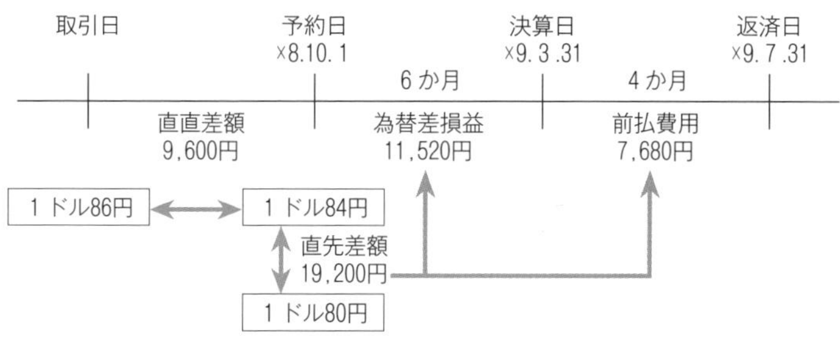

3 新株予約権（行使期限到来による取崩し）

新株予約権の行使期限が到来したときには、新株予約権を取り崩し、新株予約権戻入益を特別利益に計上します。

（新株予約権）	20,000	（新株予約権戻入益）	20,000

模擬試験　第2回　商業簿記

4 商品売買

(1) 期末商品の評価

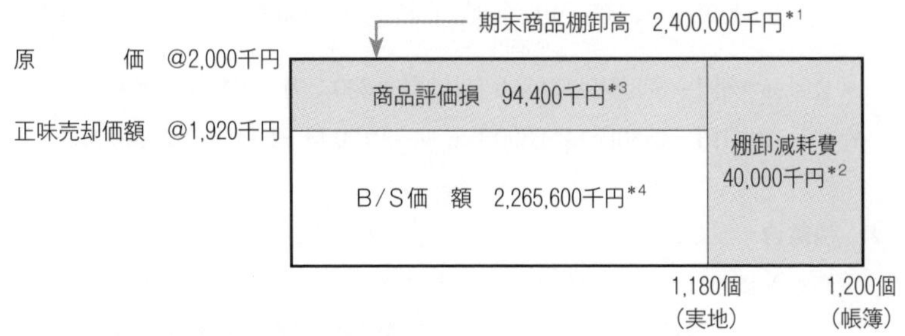

＊1　@2,000千円×1,200個＝2,400,000千円

＊2　P/L 棚卸減耗費：@2,000千円×(1,200個－1,180個)＝40,000千円

＊3　P/L 商品評価損：(@2,000千円－@1,920千円)×1,180個＝94,400千円

＊4　@1,920千円×1,180個＝2,265,600千円

(2) 決算整理仕訳

① 売上原価の計算

(仕　　　入)	1,800,000	(繰 越 商 品)	1,800,000
(繰 越 商 品)	2,400,000	(仕　　　入)	2,400,000

② 期末商品の評価

(棚 卸 減 耗 費)	40,000	(繰 越 商 品)	134,400
(商 品 評 価 損)	94,400		

5 貸倒引当金

(1) 破産更生債権等

(破産更生債権等)	1,140,000	(短 期 貸 付 金)	1,140,000
(貸倒引当金繰入) 特別損失	540,000	(貸 倒 引 当 金)	540,000

P/L 貸倒引当金繰入（特別損失）：1,140,000千円－600,000千円（担保処分見込額）＝540,000千円

⑵　**一般債権**

(貸倒引当金繰入) 販売費及び一般管理費	75,000	(貸　倒　引　当　金)	75,000

貸倒設定額：(1,920,000千円〔前T/B受取手形〕＋2,580,000千円〔前T/B売掛金〕)×２％＝90,000千円

P/L　貸倒引当金繰入（販売費及び一般管理費）：90,000千円－15,000千円〔前T/B貸倒引当金〕＝75,000千円

6　有価証券

⑴　**Ａ社株式～外貨建売買目的有価証券**

(有価証券評価損益)	7,200*	(有　価　証　券)	7,200

＊　3,600千ドル×@82円〈ＣＲ〉〔295,200千円〈時価〉〕－3,360千ドル×@90円〈ＨＲ〉〔302,400千円〈原価〉〕＝△7,200千円〈評価損〉

⑵　**Ｂ社株式～売買目的有価証券**

(有　価　証　券)	4,800	(有価証券評価損益)	4,800*

＊　241,600千円〔時価〕－236,800千円〔原価〕＝4,800千円〈評価益〉

P/L　有価証券評価益：19,200千円〔前T/B〕－7,200千円＋4,800千円＝16,800千円

⑶　**Ｃ社株式～子会社株式（強制評価減）**

(子会社株式評価損)	1,640,000	(子　会　社　株　式)	1,640,000*

＊　1,240,000千円〔時価〕－2,880,000千円〔原価〕＝△1,640,000千円〈評価損〉

7　有形固定資産

⑴　**建　物**

(減　価　償　却　費)	151,200*	(建物減価償却累計額)	151,200

＊　5,040,000千円×0.9÷30年＝151,200千円

⑵　**備　品**

(減　価　償　却　費)	384,000*	(備品減価償却累計額)	384,000

＊　１÷８年〈耐用年数〉×2.0＝0.25〈償却率〉

(2,048,000千円－512,000千円〔前T/B備品減価償却累計額〕)×0.25＝384,000千円〈調整前償却額〉

2,048,000千円×0.07909〈保証率〉≒161,976千円〈償却保証額〉

384,000千円　＞　161,976千円　∴　384,000千円

(3) 車　両

① 買換え

(a) 正しい仕訳

借方	金額	貸方	金額
(車両減価償却累計額)	324,000*2	(車　　　両)	400,000*1
(減価償却費)	33,000*3	(固定資産売却益)	17,000*5
(現金預金)	60,000*4		
(車　　　両)	600,000	(現金預金)	600,000

＊1　前T/B車両

＊2　前T/B車両減価償却累計額

＊3　400,000千円×0.9÷10年×$\frac{11か月}{12か月}$＝33,000千円

＊4　下取価額

＊5　貸借差額

(b) 期中仕訳

借方	金額	貸方	金額
(仮払金)	540,000*	(現金預金)	540,000

＊　600,000千円（新車両の取得原価）－60,000千円（下取価額）＝540,000千円（支払額）

(c) 訂正仕訳（(a)－(b)）

借方	金額	貸方	金額
(車　　　両)	600,000	(車　　　両)	400,000
(車両減価償却累計額)	324,000	(仮払金)	540,000
(減価償却費)	33,000	(固定資産売却益)	17,000

② 新車両の減価償却

借方	金額	貸方	金額
(減価償却費)	10,000*	(車両減価償却累計額)	10,000

＊　600,000千円÷10年×$\frac{2か月}{12か月}$＝10,000千円

P/L 減価償却費：151,200千円（建物）＋384,000千円（備品）＋33,000千円（旧車両）＋10,000千円（新車両）＝578,200千円

8 ソフトウェア

借方	金額	貸方	金額
(ソフトウェア償却)	16,000*	(ソフトウェア)	16,000

＊　48,000千円（前T/B）÷（5年－2年）＝16,000千円

9 社 債

買入償還分の社債について、償還日時点の帳簿価額を把握します。

(1) タイムテーブル

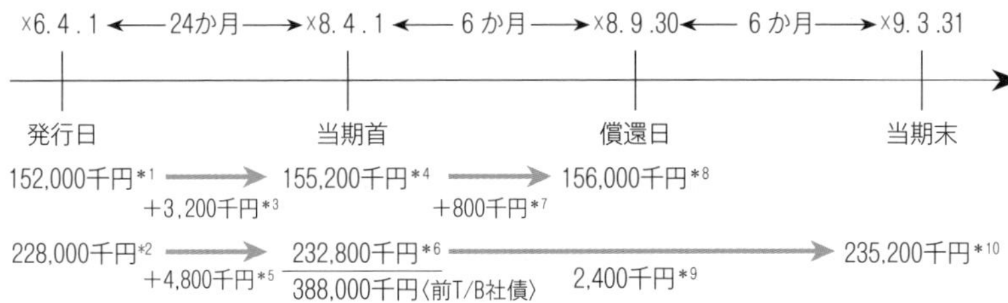

＊1　$\dfrac{160{,}000\text{千円}〈償還社債の額面金額〉}{@100\text{円}}$ ×@95円＝152,000千円〈償還社債の払込金額〉

＊2　400,000千円〈額面総額〉－160,000千円＝240,000千円〈未償還社債の額面金額〉

$\dfrac{240{,}000\text{千円}}{@100\text{円}}$ ×@95円＝228,000千円〈未償還社債の払込金額〉

＊3　160,000千円－152,000千円＝8,000千円〈償還社債の金利調整差額〉

8,000千円× $\dfrac{24\text{か月}}{60\text{か月}}$ ＝3,200千円〈償還社債の過年度償却額〉

＊4　152,000千円＋3,200千円＝155,200千円〈償還社債の当期首償却原価〉

＊5　240,000千円－228,000千円＝12,000千円〈未償還社債の金利調整差額〉

12,000千円× $\dfrac{24\text{か月}}{60\text{か月}}$ ＝4,800千円〈未償還社債の過年度償却額〉

＊6　228,000千円＋4,800千円＝232,800円〈未償還社債の当期首償却原価〉

＊7　8,000千円× $\dfrac{6\text{か月}}{60\text{か月}}$ ＝800千円〈償還社債の当期償却額〉

＊8　155,200千円＋800千円＝156,000千円〈償還社債の買入償還時償却原価〉

＊9　12,000千円× $\dfrac{12\text{か月}}{60\text{か月}}$ ＝2,400千円〈未償還社債の当期償却額〉

＊10　232,800千円＋2,400千円＝235,200千円〈未償還社債の当期末償却原価〉

(2) 買入償還

① 償還社債の当期償却(未処理)～償却原価法(定額法)

(社 債 利 息)	800	(社 債)	800

② 買入償還（修正仕訳）

（社　　債）	156,000	（仮　払　金）	153,600*1
		（社債償還益）	2,400*2

＊1　$\frac{160{,}000\text{千円}}{@100\text{円}}\times @96\text{円}=153{,}600\text{千円}$

＊2　貸借差額

(3) 未償還社債の当期償却～償却原価法（定額法）

（社債利息）	2,400	（社　　債）	2,400

P/L 社債利息：6,400千円（前T/B）＋800千円＋2,400千円＝9,600千円

10 経過勘定項目

（前払費用）	10,800	（販　売　費）	10,800
（支払利息）	13,120	（未払費用）	13,120
（未収収益）	7,200	（受取利息）	7,200

P/L 販売費：1,943,304千円（前T/B）－10,800千円＝1,932,504千円

P/L 支払利息：9,240千円（前T/B）＋13,120千円＝22,360千円

P/L 受取利息：40,800千円（前T/B）＋7,200千円＝48,000千円

11 法人税等の計上と税効果会計

(1) 法人税等の計上

（法人税等）	2,400,000	（仮払法人税等）	1,120,000
		（未払法人税等）	1,280,000*

＊　貸借差額

(2) 税効果会計～将来減算一時差異の増加

（繰延税金資産）	40,000*	（法人税等調整額）	40,000

＊　100,000千円×40％＝40,000千円〈繰延税金資産の増加〉

会計学

解答

第1問

(1)	(2)	(3)	(4)	(5)
○	×	○	×	×

各❶

第2問

損益計算書 (単位：千円)

Ⅰ 売上高		(1,172,000)
Ⅱ 売上原価		
1. 期首商品棚卸高	(140,000)	
2. 当期商品仕入高	(❷ 798,400)	
合計	(938,400)	
3. 期末商品棚卸高	(❷ 141,440)	(796,960)
売上総利益		(375,040)
Ⅲ 販売費及び一般管理費		
1. 棚卸減耗費		(❷ 5,440)
営業利益		(❷ 369,600)

第3問

	税引前当期純利益に与える影響額	評価・換算差額等に与える影響額
(1)繰延ヘッジ会計を適用した場合	❸ ( ) 0千円	❸ (－) 720千円
(2)時価ヘッジ会計を適用した場合	❸ (－) 1,200千円	❸ ( ) 0千円

●数字は採点基準　合計25点

解説

会計学の問題です。第1問は正誤問題、第2問は棚卸資産を中心とした損益計算書の作成、第3問はヘッジ会計に関する問題を出題しています。いずれも出題される可能性が高い論点なので確実にマスターしてください。

1 正誤問題

(1) 一般原則（継続性の原則）

「企業会計原則注解【注3】」（一部）

企業会計上継続性が問題とされるのは、一つの会計事実について二つ以上の会計処理の原則又は手続の選択適用が認められている場合である。

(2) 一般原則（単一性の原則）

「一般原則　七」

株主総会提出のため、信用目的のため、租税目的のため等種々の目的のために異なる形式の財務諸表を作成する必要がある場合、それらの内容は、信頼しうる会計記録に基づいて作成されたものであって、政策の考慮のために事実の真実な表示をゆがめてはならない。

単一性の原則は、実質一元・形式多元を要請しています。この実質一元・形式多元とは、目的別に財務諸表の計算内容および表示形式が異なることは認めても、財務諸表の作成の基礎となる会計記録は単一であることをいいます（二重帳簿の禁止）。

(3) 特別損益項目

「企業会計原則注解【注12】」（一部）

特別損益に属する項目であっても、金額の僅少なもの又は毎期経常的に発生するものは、経常損益計算に含めることができる。

(4) 流動・固定の区分基準

「企業会計原則注解【注16】」（一部）

破産債権、更生債権及びこれに準ずる債権で一年以内に回収されないことが明らかなものは、固定資産たる投資その他の資産に属するものとする。

(5) 棚卸資産（商品評価損の表示区分）

「棚卸資産の評価に関する会計基準17」

通常の販売目的で保有する棚卸資産について、収益性の低下による簿価切下額は売上原価とするが、棚卸資産の製造に関連し不可避的に発生すると認められるときには製造原価として処理する。

また、収益性の低下に基づく簿価切下額が、臨時の事象に起因し、かつ、多額であるときには、特別損失に計上する。

2 棚卸資産

売価還元法で棚卸資産の評価をします。

(1) 期中処理（売上に関するもののみを示しています。）

（売　掛　金）	1,172,000	（売　　上）	1,172,000

(2) 原価ボックス

∴　原価率：$\dfrac{938{,}400\text{千円（原価合計）}}{1{,}380{,}000\text{千円（売価合計）}}=0.68$

(3) 期末商品の評価

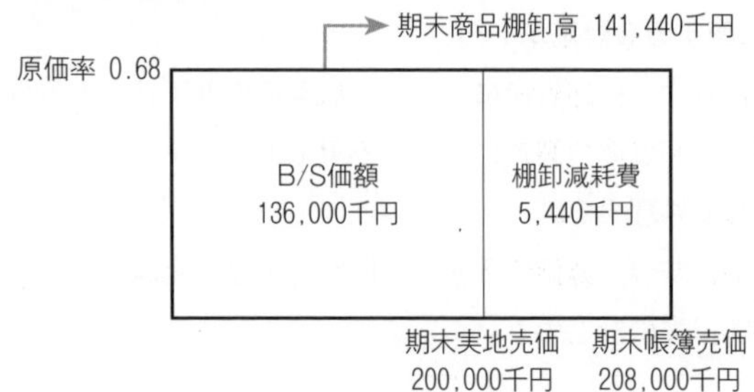

P/L 期末商品棚卸高：208,000千円×0.68＝141,440千円

P/L 棚卸減耗費：(208,000千円－200,000千円)×0.68＝5,440千円

B/S価額：200,000千円×0.68＝136,000千円

3 繰延ヘッジ会計と時価ヘッジ会計

繰延ヘッジ会計（原則）と時価ヘッジ会計（容認）では処理方法が違います。両者の差を意識して問題を解きましょう。

(1) 繰延ヘッジ会計

繰延ヘッジ会計は、時価評価されているヘッジ手段に係る損益または評価差額を、ヘッジ対象に係る損益が認識されるまで純資産の項目（評価・換算差額等）として繰り延べる方法です。よって、その他有価証券（社債）に係る評価差額および金利スワップに係る評価差額も評価・換算差額等の項目として繰り延べることになります。

① 社債に係る仕訳

(繰延税金資産)	1,800	(その他有価証券)	4,500
(その他有価証券評価差額金) 評価・換算差額等の減少	2,700		

その他有価証券（評価損）：4,500千円(金利上昇による影響)

繰延税金資産：4,500千円×40％＝1,800千円

その他有価証券評価差額金：4,500千円－1,800千円＝2,700千円

② 金利スワップに係る仕訳

(金利スワップ資産)	3,300	(繰延税金負債)	1,320
		(繰延ヘッジ損益) 評価・換算差額等の増加	1,980

金利スワップ資産：3,300千円（金利上昇による影響）

繰延税金負債：3,300千円×40％＝1,320千円

繰延ヘッジ損益：3,300千円－1,320千円＝1,980千円

税引前当期純利益に与える影響額：0千円

評価・換算差額等に与える影響額：△2,700千円＋1,980千円＝(－)720千円

(2) 時価ヘッジ会計

時価ヘッジは、ヘッジ対象である資産または負債に係る相場変動等を損益に反映させることにより、その損益とヘッジ手段に係る損益とを同一の会計期間に認識する方法です。

① 社債に係る仕訳

(投資有価証券評価損益) 税引前当期純利益の減少	4,500	(その他有価証券)	4,500

投資有価証券評価損益：4,500千円（金利上昇による影響）

② 金利スワップに係る仕訳

(金利スワップ資産)	3,300	(投資有価証券評価損益)* 当期純利益の増加	3,300

＊ 金利スワップ評価損益でも可。

金利スワップ資産＝スワップ評価損益：3,300千円（金利上昇による影響）

税引前当期純利益に与える影響額：△4,500千円＋3,300千円＝(－)1,200千円

評価・換算差額等に与える影響額：0千円

みんなが欲しかったシリーズ

みんなが欲しかった！
簿記の問題集　日商１級　商業簿記・会計学１
損益会計・資産会計編　第９版

2012年12月10日　初　版　第１刷発行
2021年11月24日　第９版　第１刷発行
2023年８月23日　　　　　第４刷発行

監　　修　滝　澤　な な み
著　　者　ＴＡＣ出版開発グループ
発 行 者　多　田　敏　男
発 行 所　TAC株式会社　出版事業部
（TAC出版）

〒101-8383
東京都千代田区神田三崎町3-2-18
電 話 03(5276)9492(営業)
FAX 03(5276)9674
https://shuppan.tac-school.co.jp

印　　刷　株式会社　ワ　コ　ー
製　　本　東京美術紙工協業組合

ISBN 978-4-8132-9912-7
N.D.C. 336

簿記検定講座のご案内

選べる学習メディアでご自身に合うスタイルでご受講ください！

通学講座

3級コース　3・2級コース　2級コース　1級コース　1級上級・アドバンスコース

教室講座
通って学ぶ

定期的な日程で通学する学習スタイル。常に講師と接することができるという教室講座の最大のメリットがありますので、疑問点はその日のうちに解決できます。また、勉強仲間との情報交換も積極的に行えるのが特徴です。

ビデオブース講座
通って学ぶ　予約制

ご自身のスケジュールに合わせて、TACのビデオブースで学習するスタイル。日程を自由に設定できるため、忙しい社会人に人気の講座です。

直前期教室出席制度
直前期以降、教室受講に振り替えることができます。

無料体験入学　ご自身の目で、耳で体験し納得してご入学いただくために、無料体験入学をご用意しました。

無料講座説明会　もっとTACのことを知りたいという方は、無料講座説明会にご参加ください。

無　料
予約不要※

※ビデオブース講座の無料体験入学は要予約。
無料講座説明会は一部校舎では要予約。

通信講座

3級コース　3・2級コース　2級コース　1級コース　1級上級・アドバンスコース

Web通信講座
スマホやタブレットにも対応　見て学ぶ

教室講座の生講義をブロードバンドを利用し動画で配信します。ご自身のペースに合わせて、24時間いつでも何度でも繰り返し受講することができます。また、講義動画はダウンロードして2週間視聴可能です。有効期間内は何度でもダウンロード可能です。

※Web通信講座の配信期間は、お申込コースの目標月の翌月末までです。

TAC WEB SCHOOL ホームページ
URL https://portal.tac-school.co.jp/

※お申込み前に、左記のサイトにて必ず動作環境をご確認ください。

DVD通信講座
見て学ぶ

講義を収録したデジタル映像をご自宅にお届けします。講義の臨場感をクリアな画像でご自宅にて再現することができます。

※DVD-Rメディア対応のDVDプレーヤーでのみ受講が可能です。パソコンやゲーム機での動作保証はいたしておりません。

Webでも無料配信中！

「TAC動画チャンネル」

- 講座説明会 ※収録内容の変更のため、配信されない期間が生じる場合がございます。
- 1回目の講義（前半分）が視聴できます

資料通信講座（1級のみ）

テキスト・添削問題を中心として学習します。

詳しくは、TACホームページ「TAC動画チャンネル」をクリック！

TAC動画チャンネル　簿記　検索

コースの詳細は、簿記検定講座パンフレット・TACホームページをご覧ください。

パンフレットのご請求・お問い合わせは、TACカスタマーセンターまで

通話無料 0120-509-117（ゴウカク イイナ）

受付時間　月～金 9:30～19:00　土・日・祝 9:30～18:00
※携帯電話からもご利用になれます。

TAC簿記検定講座ホームページ　TAC 簿記　検索

簿記検定講座

お手持ちの教材がそのまま使用可能!
【テキストなしコース】のご案内

TAC簿記検定講座のカリキュラムは市販の教材を使用しておりますので、こちらのテキストを使ってそのまま受講することができます。独学では分かりにくかった論点や本試験対策も、TAC講師の詳しい解説で理解度も120%UP! 本試験合格に必要なアウトプット力が身につきます。独学との差を体感してください。

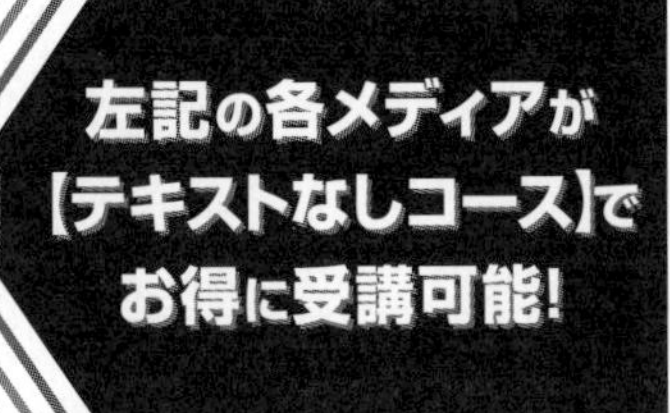

こんな人にオススメ!

- テキストにした書き込みをそのまま活かしたい!
- これ以上テキストを増やしたくない!
- とにかく受講料を安く抑えたい!

※お申込前に必ずお手持ちのバージョンをご確認ください。場合によっては最新のものに買い直していただくことがございます。詳細はお問い合わせください。

お手持ちの教材をフル活用!!

TAC出版 書籍のご案内

TAC出版では、資格の学校TAC各講座の定評ある執筆陣による資格試験の参考書をはじめ、資格取得者の開業法や仕事術、実務書、ビジネス書、一般書などを発行しています！

TAC出版の書籍

＊一部書籍は、早稲田経営出版のブランドにて刊行しております。

資格・検定試験の受験対策書籍

- 日商簿記検定
- 建設業経理士
- 全経簿記上級
- 税　理　士
- 公認会計士
- 社会保険労務士
- 中小企業診断士
- 証券アナリスト
- ファイナンシャルプランナー(FP)
- 証券外務員
- 貸金業務取扱主任者
- 不動産鑑定士
- 宅地建物取引士
- 賃貸不動産経営管理士
- マンション管理士
- 管理業務主任者
- 司法書士
- 行政書士
- 司法試験
- 弁理士
- 公務員試験(大卒程度・高卒者)
- 情報処理試験
- 介護福祉士
- ケアマネジャー
- 社会福祉士　ほか

実務書・ビジネス書

- 会計実務、税法、税務、経理
- 総務、労務、人事
- ビジネススキル、マナー、就職、自己啓発
- 資格取得者の開業法、仕事術、営業術
- 翻訳ビジネス書

一般書・エンタメ書

- ファッション
- エッセイ、レシピ
- スポーツ
- 旅行ガイド（おとな旅プレミアム/ハルカナ
- 翻訳小説

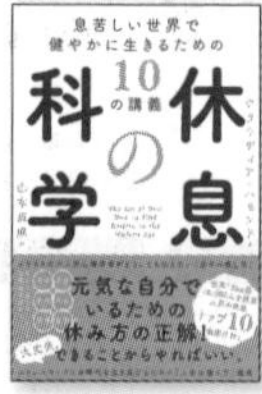

(2021年7月現在)

書籍のご購入は

1 全国の書店、大学生協、ネット書店で

2 TAC各校の書籍コーナーで

資格の学校TACの校舎は全国に展開!
校舎のご確認はホームページにて

資格の学校TAC ホームページ
https://www.tac-school.co.jp

3 TAC出版書籍販売サイトで

24時間
ご注文
受付中

https://bookstore.tac-school.co.jp/

新刊情報をいち早くチェック!

たっぷり読める立ち読み機能

学習お役立ちの特設ページも充実!

TAC出版書籍販売サイト「サイバーブックストア」では、TAC出版および早稲田経営出版から刊行されている、すべての最新書籍をお取り扱いしています。
また、無料の会員登録をしていただくことで、会員様限定キャンペーンのほか、送料無料サービス、メールマガジン配信サービス、マイページのご利用など、うれしい特典がたくさん受けられます。

サイバーブックストア会員は、特典がいっぱい!(一部抜粋)

通常、1万円(税込)未満のご注文につきましては、送料・手数料として500円(全国一律・税込)頂戴しておりますが、1冊から無料となります。

専用の「マイページ」は、「購入履歴・配送状況の確認」のほか、「ほしいものリスト」や「マイフォルダ」など、便利な機能が満載です。

メールマガジンでは、キャンペーンやおすすめ書籍、新刊情報のほか、「電子ブック版TACNEWS(ダイジェスト版)」をお届けします。

書籍の発売を、販売開始当日にメールにてお知らせします。これなら買い忘れの心配もありません。

日商簿記検定試験対策書籍のご案内

TAC出版の日商簿記検定試験対策書籍は、学習の各段階に対応していますので、あなたのステップに応じて、合格に向けてご活用ください！

3タイプのインプット教材

1

簿記を専門的な知識にしていきたい方向け

● 満点合格を目指し 次の級への土台を築く

「合格テキスト」

「合格トレーニング」

- 大判のB5判、3級～1級累計300万部超の、信頼の定番テキスト&トレーニング！ TACの教室でも使用している公式テキストです。3級のみオールカラー。
- 出題論点はすべて網羅しているので、簿記をきちんと学んでいきたい方にぴったりです

◆3級　□2級 商簿、2級 工簿　■1級 商・会 各3点、1級 工・原 各3点

2

スタンダードにメリハリつけて学びたい方向け

● 教室講義のような わかりやすさでしっかり学べる

「簿記の教科書」

「簿記の問題集」

滝澤 ななみ 著

- A5判、4色オールカラーのテキスト(2級・3級のみ)&模擬試験つき問題集！
- 豊富な図解と実例つきのわかりやすい説明で、もうモヤモヤしない!!

◆3級　□2級 商簿、2級 工簿　■1級 商・会 各3点、1級 工・原 各3点

DVDの併用で、さらに理解が深まります！

『簿記の教科書DVD』

- 「簿記の教科書」3、2級の準拠DVD。わかりやすい解説で、合格力が短時間で身につきます！

◆3級　□2級 商簿、2級 工簿

3

気軽に始めて、早く全体像をつかみたい方向け

● 初学者でも楽しく続けられる！

「スッキリわかる」

テキスト／問題集一体型

滝澤 ななみ 著（1級は商・会のみ）

- 小型のA5判によるテキスト／問題集一体型。これ一冊でOKの、圧倒的に人気の教材です。
- 豊富なイラストとわかりやすいレイアウト！ かわいいキャラの「ゴエモン」と一緒に楽しく学べます。

◆3級　□2級 商簿、2級 工簿　■1級 商・会 4点、1級 工・原 4点

シリーズ待望の問題集が誕生！

「スッキリとける本試験予想問題集」

滝澤 ななみ 監修　TAC出版開発グループ 編著

- 本試験タイプの予想問題9回分を掲載

◆3級　□2級

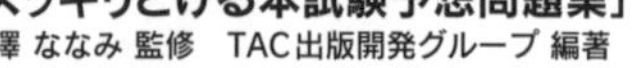

DVDの併用で、さらに理解が深まります！

『スッキリわかる 講義DVD』

- 「スッキリわかる」3、2級の準拠DVD。超短時間でも要点はのがさず解説。3級10時間、2級14時間＋10時間で合格へひとっとび。

◆3級　□2級 商簿、2級 工簿

コンセプト問題集

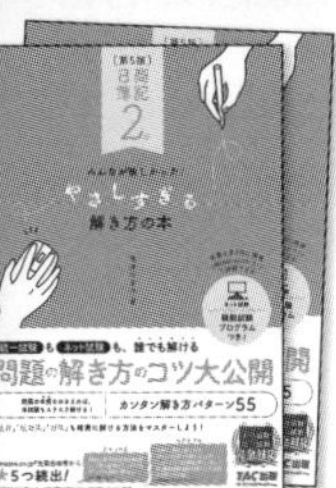

● 得点力をつける!

『みんなが欲しかった! やさしすぎる解き方の本』 

B5判　滝澤 ななみ 著

● 授業で解き方を教わっているような新感覚問題集。再受験にも有効。

◆3級　□2級

本試験対策問題集

● 本試験タイプの問題集

『合格するための本試験問題集』

(1級は過去問題集)

B5判

● 12回分（1級は14回分）の問題を収載。ていねいな「解答への道」、各問対策が充実。

◆3級　□2級　■1級

● 知識のヌケをなくす!

『まるっと完全予想問題集』 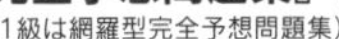

(1級は網羅型完全予想問題集)

A4判

● オリジナル予想問題(3級10回分、2級12回分、1級8回分)で本試験の重要出題パターンを網羅。

● 実力養成にも直前の本試験対策にも有効。

◆3級　□2級　■1級

直前予想

『ネット試験と第○回をあてるTAC予想模試＋解き方テキスト』 

(1級は直前予想模試)

A4判

● TAC講師陣による4回分の予想問題で最終仕上げ。

● 2級・3級は、第1部解き方テキスト編、第2部予想模試編の2部構成。

● 年3回(1級は年2回)、各試験に向けて発行します。

◆3級　□2級　■1級

あなたに合った合格メソッドをもう一冊!

仕訳 『究極の仕訳集』

B6変型判

● 悩む仕訳をスッキリ整理。ハンディサイズ、一問一答式で基本の仕訳を一気に覚える。

◆3級　□2級

仕訳 『究極の計算と仕訳集』

B6変型判　境 浩一朗 著

● 1級商会で覚えるべき計算と仕訳がすべてつまった1冊!

■1級 商・会

理論 『究極の会計学理論集』

B6変型判

● 会計学の理論問題を論点別に整理、手軽なサイズが便利です。

■1級 商・会、全経上級

電卓 『カンタン電卓操作術』

A5変型判　TAC電卓研究会 編

● 実践的な電卓の操作方法について、丁寧に説明します!

:ネット試験の演習ができる模擬試験プログラムつき(2級・3級)

:スマホで使える仕訳Webアプリつき(2級・3級)

2023年5月現在　・刊行内容、表紙等は変更することがあります　・とくに記述がある商品以外は、TAC簿記検定講座編です

書籍の正誤に関するご確認とお問合せについて

書籍の記載内容に誤りではないかと思われる箇所がございましたら、以下の手順にてご確認とお問合せをしてくださいますよう、お願い申し上げます。

なお、正誤のお問合せ以外の**書籍内容に関する解説および受験指導などは、一切行っておりません。**

そのようなお問合せにつきましては、お答えいたしかねますので、あらかじめご了承ください。

1 「Cyber Book Store」にて正誤表を確認する

TAC出版書籍販売サイト「Cyber Book Store」のトップページ内「正誤表」コーナーにて、正誤表をご確認ください。

CYBER BOOK STORE TAC出版書籍販売サイト

URL:https://bookstore.tac-school.co.jp/

2 1の正誤表がない、あるいは正誤表に該当箇所の記載がない ⇒ 下記①、②のどちらかの方法で文書にて問合せをする

★ご注意ください★

お電話でのお問合せは、お受けいたしません。

①、②のどちらの方法でも、お問合せの際には、「お名前」とともに、

「対象の書籍名(○級・第○回対策も含む)およびその版数(第○版・○○年度版など)」

「お問合せ該当箇所の頁数と行数」

「誤りと思われる記載」

「正しいとお考えになる記載とその根拠」

を明記してください。

なお、回答までに1週間前後を要する場合もございます。あらかじめご了承ください。

① ウェブページ「Cyber Book Store」内の「お問合せフォーム」より問合せをする

【お問合せフォームアドレス】

https://bookstore.tac-school.co.jp/inquiry/

② メールにより問合せをする

【メール宛先 TAC出版】

syuppan-h@tac-school.co.jp

※土日祝日はお問合せ対応をおこなっておりません。

※正誤のお問合せ対応は、該当書籍の改訂版刊行月末日までといたします。

乱丁・落丁による交換は、該当書籍の改訂版刊行月末日までといたします。なお、書籍の在庫状況等により、お受けできない場合もございます。

また、各種本試験の実施の延期、中止を理由とした本書の返品はお受けいたしません。返金もいたしかねますので、あらかじめご了承くださいますようお願い申し上げます。

(2022年7月現在)

簿記の問題集
日商１級　商業簿記・会計学１

○問題編　答案用紙
○模擬試験第１回、第２回*

＊　第３回から第６回の問題は、『簿記の問題集　日商１級　商業簿記・会計学２、３』（別売り）に収載しております。

〈別冊ご利用時の注意〉

別冊は、この色紙を残したままていねいに抜き取り、ご利用ください。
また、抜き取る際の損傷についてのお取替えはご遠慮願います。

別冊の使い方

Step ❶ この色紙を残したまま、ていねいに抜き取ってください。色紙は、本体からとれませんので、ご注意ください。

色紙
本体
冊子

Step ❷ 抜き取った用紙を針金のついているページでしっかりと開き、工具を使用して、針金を外してください。針金で負傷しないよう、お気をつけください。

針金

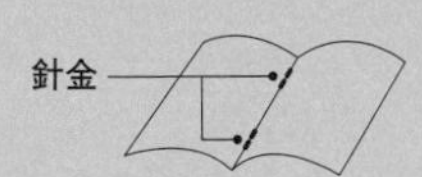

Step ❸ アイテムごとに分けて、お使いください。

模擬試験
第１回、第２回
問題編　答案用紙

なお、答案用紙はダウンロードでもご利用いただけます。
TAC出版書籍サイト・サイバーブックストアにアクセスしてください。
https://bookstore.tac-school.co.jp/

簿記の問題集
日商１級　商業簿記・会計学１
問題編　答案用紙

CHAPTER 01－❶／2問

企業会計原則①

ア	イ	ウ
エ	オ	カ

CHAPTER 01－❷／2問

企業会計原則②

1	2	3
4	5	

CHAPTER 03－❶／5問

収益の認識基準①

（単位：円）

借方科目	金額	貸方科目	金額

CHAPTER 03－❷／5問

収益の認識基準②

決算整理後残高試算表　（単位：円）

	契約負債（　　　）
	売　　上（　　　）

CHAPTER 03－❸／5問

収益の認識基準③

円

CHAPTER 03－❹／5問　収益の認識基準④

問1

（単位：円）

借方科目	金額	貸方科目	金額

問2

（単位：円）

借方科目	金額	貸方科目	金額

CHAPTER 03－❺／5問　理論問題

ア	イ	ウ
エ	オ	

工事契約①

問1

（単位：円）

	×1年度	×2年度	×3年度
工　事　収　益			
工　事　原　価			

問2

（単位：円）

	×1年度	×2年度	×3年度
工　事　収　益			
工　事　原　価			

CHAPTER 04—❷／3問　工事契約②

損益計算書
自×5年4月1日　至×6年3月31日
(単位：円)

Ⅰ	工事収益	(　　　)
Ⅱ	工事原価	(　　　)
	工事利益	(　　　)

CHAPTER 04—❸／3問　工事契約③

問1

損益計算書
自×5年4月1日　至×6年3月31日
(単位：円)

Ⅰ	工事収益	(　　　)
Ⅱ	工事原価	(　　　)
	工事利益	(　　　)

問2

損益計算書
自×6年4月1日　至×7年3月31日
(単位：円)

Ⅰ	工事収益	(　　　)
Ⅱ	工事原価	(　　　)
	工事利益	(　　　)

一般商品売買①

問1 [　　　　] %

問2

損益計算書　　　　(単位：円)

Ⅰ 売上高		(　　)
Ⅱ 売上原価		
1．期首商品棚卸高	(　　)	
2．当期商品仕入高	(　　)	
合計	(　　)	
3．期末商品棚卸高	(　　)	(　　)
売上総利益		(　　)

一般商品売買②

問１　損益勘定（一部）

損　　益　　（単位：円）

( )	( )	( )	( )
( )	( )	( )	( )

問２　損益計算書（経常利益まで）

損　益　計　算　書　　（単位：円）

Ⅰ　売　　上　　高		( )
Ⅱ　売　上　原　価		
1．期首商品棚卸高	( )	
2．当期商品仕入高	( )	
合　　　計	( )	
3．期末商品棚卸高	( )	( )
売 上 総 利 益		( )
Ⅲ　販売費及び一般管理費		
1．販　　売　　費		( )
営　業　利　益		( )
Ⅳ　営 業 外 収 益		
1．(　　　　)		( )
経　常　利　益		( )

一般商品売買③

損益計算書		(単位：円)
Ⅰ 売上高		(　　)
Ⅱ 売上原価		
1. 期首商品棚卸高	(　　)	
2. 当期商品仕入高	(　　)	
合計	(　　)	
3. 期末商品棚卸高	(　　)	(　　)
売上総利益		(　　)
Ⅲ 販売費及び一般管理費		
1. 販売費		(　　)
営業利益		(　　)
Ⅳ 営業外収益		
1.(　　)		(　　)
経常利益		(　　)

総記法

問1

損益計算書		
自×1年4月1日　至×2年3月31日		(単位：円)
Ⅰ　売　　上　　高		(　　　　)
Ⅱ　売　上　原　価		
1．期首商品棚卸高	(　　　　)	
2．当期商品仕入高	(　　　　)	
合　　　計	(　　　　)	
3．期末商品棚卸高	(　　　　)	(　　　　)
売上総利益		(　　　　)
Ⅲ　販売費及び一般管理費		
1．棚 卸 減 耗 費		(　　　　)
営 業 利 益		(　　　　)

問2

損益計算書		
自×1年4月1日　至×2年3月31日		(単位：円)
Ⅰ　売　　上　　高		(　　　　)
Ⅱ　売　上　原　価		
1．期首商品棚卸高	(　　　　)	
2．当期商品仕入高	(　　　　)	
合　　　計	(　　　　)	
3．期末商品棚卸高	(　　　　)	(　　　　)
売上総利益		(　　　　)
Ⅲ　販売費及び一般管理費		
1．棚 卸 減 耗 費		(　　　　)
営 業 利 益		(　　　　)

期末商品の評価①

損益計算書　（単位：円）

Ⅰ　売上高			（　　）
Ⅱ　売上原価			
1．期首商品棚卸高		（　　）	
2．当期商品仕入高		（　　）	
合計		（　　）	
3．期末商品棚卸高		（　　）	
差引		（　　）	
4．（　　）		（　　）	（　　）
売上総利益			（　　）
Ⅲ　販売費及び一般管理費			
1．（　　）			（　　）
営業利益			（　　）
Ⅳ　営業外収益			
1．（　　）			（　　）
経常利益			（　　）

期末商品の評価②

損　益　計　算　書		(単位：円)
Ⅰ　売　　上　　高		(　　　　)
Ⅱ　売　上　原　価		
1．期首商品棚卸高	(　　　　)	
2．当期商品仕入高	(　　　　)	
合　　　計	(　　　　)	
3．期末商品棚卸高	(　　　　)	
差　　　引	(　　　　)	
4．(　　　　　)	(　　　　)	
5．(　　　　　)	(　　　　)	(　　　　)
売 上 総 利 益		(　　　　)

売価還元法①

損益計算書 (単位：円)

Ⅰ 売上高		(　　　)
Ⅱ 売上原価		
1．期首商品棚卸高	(　　　)	
2．当期商品仕入高	(　　　)	
合計	(　　　)	
3．期末商品棚卸高	(　　　)	
差引	(　　　)	
4．棚卸減耗費	(　　　)	
5．商品評価損	(　　　)	(　　　)
売上総利益		(　　　)

貸借対照表 (単位：円)

商品	(　　　)	

売価還元法②

損益計算書　(単位：円)

Ⅰ 売上高		(　　)
Ⅱ 売上原価		
1. 期首商品棚卸高	(　　)	
2. 当期商品仕入高	(　　)	
合計	(　　)	
3. 期末商品棚卸高	(　　)	
差引	(　　)	
4. (　　)	(　　)	(　　)
売上総利益		(　　)
Ⅲ 販売費及び一般管理費		
1. (　　)		(　　)
営業利益		(　　)
Ⅳ 営業外収益		
1. (　　)		(　　)
経常利益		(　　)

貸借対照表　(単位：円)

商品	(　　)	

CHAPTER 05－❾／10問　売価還元法③

損　益　計　算　書　　（単位：円）

Ⅰ　売　　上　　高		（　　　）
Ⅱ　売　上　原　価		
1．期首商品棚卸高	（　　　）	
2．当期商品仕入高	（　　　）	
合　　　計	（　　　）	
3．（　　　　　）	（　　　）	
4．期末商品棚卸高	（　　　）	
差　　　引	（　　　）	
5．（　　　　　）	（　　　）	（　　　）
売　上　総　利　益		（　　　）
Ⅲ　販売費及び一般管理費		
1．（　　　　　）	（　　　）	
2．（　　　　　）	（　　　）	（　　　）
営　業　利　益		（　　　）
Ⅳ　営　業　外　収　益		
1．（　　　　　）		（　　　）
経　常　利　益		（　　　）

貸　借　対　照　表　　（単位：円）

商　　　品	（　　　）	

CHAPTER 05－❿／10問　理論問題

ア	イ	ウ

CHAPTER 06−❶／3問　割賦販売①

損益計算書　（単位：円）

Ⅰ 売上高		
1. 一般売上高	（　　）	
2. 割賦売上高	（　　）	（　　）
Ⅱ 売上原価		
1. 期首商品棚卸高	（　　）	
2. 当期商品仕入高	（　　）	
合計	（　　）	
3. 期末商品棚卸高	（　　）	（　　）
（　　）		（　　）

CHAPTER 06−❷／3問　割賦販売②

損益計算書　（単位：円）

Ⅰ 売上高		
1. 一般売上高	（　　）	
2. 割賦売上高	（　　）	（　　）
Ⅱ 売上原価		
1. 期首商品棚卸高	（　　）	
2. 当期商品仕入高	（　　）	
合計	（　　）	
3. 期末商品棚卸高	（　　）	（　　）
（　　）利益		（　　）
Ⅲ 販売費及び一般管理費		
1. 戻り商品損失	（　　）	
2. 貸倒引当金繰入	（　　）	（　　）
（　　）利益		（　　）

割賦販売③

問1

（単位：円）

	借方科目	金額	貸方科目	金額
(1)				
(2)				
(3)				

問2

（単位：円）

	借方科目	金額	貸方科目	金額
(1)				
(2)				
(3)				

委託販売①

問１　積送品原価として処理する場合

損益計算書　（単位：千円）

Ⅰ 売上高			
1．一般売上高		（　　）	
2．積送品売上高		（　　）	（　　）
Ⅱ 売上原価			
1．期首商品棚卸高			
(1) 手許商品	（　　）		
(2) 積送品	（　　）	（　　）	
2．当期商品仕入高		（　　）	
合計		（　　）	
3．期末商品棚卸高			
(1) 手許商品	（　　）		
(2) 積送品	（　　）	（　　）	（　　）
売上総利益			（　　）
Ⅲ 販売費及び一般管理費			
1．積送諸掛			（　　）
営業利益			（　　）

貸借対照表　（単位：千円）

商品	（　　）	
繰延積送諸掛	（　　）	

問２　販売費として処理する場合

損　益　計　算　書　　(単位：千円)

Ⅰ　売　　上　　高			
1．一般売上高		(　　　)	
2．積送品売上高		(　　　)	(　　　)
Ⅱ　売　上　原　価			
1．期首商品棚卸高			
(1) 手許商品	(　　　)		
(2) 積　送　品	(　　　)	(　　　)	
2．当期商品仕入高		(　　　)	
合　　　計		(　　　)	
3．期末商品棚卸高			
(1) 手許商品	(　　　)		
(2) 積　送　品	(　　　)	(　　　)	(　　　)
売上総利益			(　　　)
Ⅲ　販売費及び一般管理費			
1．積　送　諸　掛			(　　　)
営　業　利　益			(　　　)

貸　借　対　照　表　　(単位：千円)

商　　　品	(　　　)	
繰延積送諸掛	(　　　)	

委託販売②

損益計算書　(単位：千円)

Ⅰ　売上高			
1．一般売上高		(　　)	
2．積送品売上高		(　　)	(　　)
Ⅱ　売上原価			
1．期首商品棚卸高			
(1)　手許商品	(　　)		
(2)　積送品	(　　)	(　　)	
2．当期商品仕入高		(　　)	
合計		(　　)	
3．期末商品棚卸高			
(1)　手許商品	(　　)		
(2)　積送品	(　　)	(　　)	(　　)
売上総利益			(　　)
Ⅲ　販売費及び一般管理費			
1．積送諸掛			(　　)
営業利益			(　　)

第1回 模擬試験　問題

制限時間　90分
解答解説　183ページ

商業簿記

問題（25点）

あきる野商事株式会社の×7年３月期（×6年４月１日～×7年３月31日）に係る下記の資料にもとづいて、答案用紙の決算整理後残高試算表を作成しなさい。なお、法人税等の実効税率は40%とする。計算上端数が生じる場合、千円未満を四捨五入すること。

〔資料１〕決算整理前残高試算表

残高試算表
×7年３月31日　（単位：千円）

借方科目	金額	貸方科目	金額
現金預金	16,080	支払手形	7,200
受取手形	38,400	買掛金	9,000
売掛金	35,880	預り保証金	12,000
繰越商品	18,060	貸倒引当金	360
仮払金	8,250	退職給付引当金	各自推定
仮払法人税等	36,000	その他負債	68,768
甲事業部資産	36,000	甲事業部資産減価償却累計額	13,770

2．現金預金には得意先より売掛金の回収のために受け取った×7年５月17日付の小切手720千円が含まれている。

3．商品の評価については、売価還元低価法を採用しており、期末商品実地売価は15,000千円であった。なお、当期の売価に関する事項は次のとおりであった。また、前期の原価率は70%であった。

期首商品売価	各自推定 千円	原始値入額	42,600 千円	期中値上額	2,400 千円
期中値上取消額	660 千円	期中値下額	9,540 千円	期中値下取消額	2,100 千円

4．期末売上債権はすべて一般債権であり、貸倒引当金を貸倒実績率３%により計上する（差額補充法）。

5．貸付金は、当期首にＡ社に対して貸し付けたものである。Ａ社は当期において破産の申立てを行ったため、Ａ社に対する貸付金を破産更生債権等に分類し、財務内容評価法により貸倒引当金を設定する。なお、処分価値24,000千円の土地が担保に付されている。

6．満期保有目的債券は前々期首にＢ社発行の額面総額9,000千円の社債（償還期限５年、実効利子率年2.83%、クーポン利子率年５%、利払日３月末日）を満期まで保有する予定で取得したものである。この社債には利息法による償却原価法を適用しているが、未処理である。なお、当期に受け取ったクーポン利息は期中適正に処理済みである。

7．その他有価証券は前期に１株あたり480千円で20株取得したＣ社株式であり、前期末の時価は１株あたり465千円、当期末の時価は１株あたり435千円である。評価差額は部分純資産直入法により処理し、税効果会計を適用している。

会　計　学

問題（25点）

第１問　次のＡ群の各文章は、「企業会計原則」および「同注解」の中に掲げられている文章の一部である（一部修正している）。各文章を完成させるために、（ア）から（キ）までの各（　　）内にあてはまる語句をＢ群（①から⑳まで）の中から選び、その番号を解答欄に記入しなさい。

Ａ群　(1) すべての費用および収益は、その（　ア　）および（　イ　）にもとづいて計上し、その（　ウ　）した期間に正しく割り当てられるように処理しなければならない。ただし、（　エ　）は、原則として、当期の損益計算に計上してはならない。

(2) 主目的たる営業取引により発生した債権および債務であっても、破産債権、更生債権およびこれに準ずる債権で（　オ　）に回収されないことが明らかなものは、（　カ　）たる（　キ　）に属するものとする。

Ｂ群

① 流動資産	② 流動負債	③ 実現	④ 固定資産
⑤ 繰延資産	⑥ 固定負債	⑦ 支出	⑧ 投資その他の資産
⑨ 消費	⑩ 発生	⑪ 実現収益	⑫ 特別損失
⑬ 三か月以内	⑭ 収入	⑮ 未実現収益	⑯ 営業外費用
⑰ 確定	⑱ 未実現	⑲ 一年以内	⑳ 貸倒引当金

（注３）決算整理前残高試算表上の繰延税金負債とその他有価証券評価差額金はすべてＣ社株式に係るものである。

（注４）評価差額については部分純資産直入法により処理する。なお、法人税等の実効税率30％として税効果会計を適用する。

（注５）前期首に、額面総額2,000千ドルにつき1,908千ドルで取得した外貨建の社債であり、償却原価法（利息法）を適用している。償還期日は×9年３月31日、利払日は毎年３月31日、クーポン利子率は年２％（適正に処理済み）、実効利子率は年３％である。償却額の計算にあたっては千ドル未満を四捨五入すること。１ドルあたりの為替相場は、前期末120円、当期末110円、当期の期中平均115円とする。

第３問　次の資料にもとづいて、当社の×6年度開示財務諸表における問１～問５の金額を答えなさい。解答にあたってマイナス項目を示す場合には△を付すこと。なお、当社は財務諸表を２期開示している。また、税効果会計を適用し、実効税率は毎期30％である。

［資料］

1．当社は×4年４月１日に建物を102,000円で取得し、定額法、残存価額ゼロ、耐用年数30年により減価償却を行っている。×6年度の財務諸表を作成する過程で、取得年度からの減価償却の金額について誤謬を発見した。×5年度開示財務諸表における×4年度および×5年度損益計算書の建物減価償却費は3,060円であった。なお、税務上の修正申告は考慮外とし、×4年度および×5年度の法人税

第1回　模擬試験　答案用紙

商業簿記

残高試算表

x7年3月31日　(単位：千円)

借方科目	金額	貸方科目	金額
現金預金	(　　)	支払手形	(　　)
受取手形	(　　)	買掛金	(　　)
売掛金	(　　)	預り保証金	(　　)
繰越商品	(　　)	未払法人税等	(　　)
甲事業部資産	(　　)	未払金	(　　)
リース資産	(　　)	リース債務	(　　)
満期保有目的債券	(　　)	長期リース債務	(　　)
その他有価証券	(　　)	退職給付引当金	(　　)
破産更生債権等	(　　)	その他負債	68,768
その他資産	79,448	貸倒引当金	(　　)
繰延税金資産	(　　)	甲事業部資産減価償却累計額	(　　)
仕入	(　　)	リース資産減価償却累計額	(　　)

会　計　学

第１問

(ア)	(イ)	(ウ)	(エ)	(オ)	(カ)	(キ)

第２問

有価証券運用益	千円
関係会社株式	千円
投資有価証券	千円
その他有価証券評価差額金	千円
有価証券利息	千円

第３問

第2回 模擬試験　問題

制限時間　90分
解答解説　197ページ

商業簿記

問題（25点）

東京商事株式会社における×8年度（会計期間は３月31日を決算日とする１年）の以下の資料にもとづいて、答案用紙の損益計算書を完成しなさい。なお、計算上端数が生じる場合には千円未満を四捨五入すること。

（資料Ｉ）決算整理前残高試算表

決算整理前残高試算表
×9年３月31日
（単位：千円）

借方科目	金額	貸方科目	金額
現金預金	17,132,096	支払手形	921,896
受取手形	1,920,000	買掛金	1,134,600
売掛金	2,580,000	短期借入金	412,800
有価証券	539,200	貸倒引当金	15,000
繰越商品	1,800,000	社債	388,000
仮払法人税等	1,120,000	建物減価償却累計額	1,663,200

（資料Ⅱ）未処理事項

1．現金の期末実査を行ったところ実際有高が720千円過剰であった。原因を調べたところ800千円については配当金領収証の計上もれであることが判明したが、残額については不明である。

2．×8年10月１日に、短期借入金412,800千円（4,800千ドル）について、決済日を×9年７月31日とする為替予約を行った。予約時の直物為替相場は１ドル84円、先物為替相場は１ドル80円、決算時の直物為替相場は１ドル82円である。なお、この為替取引の会計処理は振当処理で行い、為替予約差額の処理は月割で行う。

3．新株予約権のうち20,000千円の行使期限が当期中に到来した。

（資料Ⅲ）誤処理事項

1．×9年２月15日に所有する車両のすべてを60,000千円で下取りに出し、車両600,000千円を購入したが、下取価額と購入代金の差額の現金支払額を仮払金として処理しているのみである。

2．×8年９月30日に社債のうち額面金額160,000千円を額面100円につき96円（裸相場）で買入償還したが、買入価額を仮払金として処理しているのみである。

（資料Ⅳ）期末整理事項

1．商品売買

期末商品棚卸高は以下のとおりである。

帳簿棚卸数量　1,200個　　　実地棚卸数量　1,180個

原価　@2,000千円　　　正味売却価額　@1,920千円

6．社債

×6年４月１日に額面総額400,000千円、払込金額１口100円につき95円、利率年２％、利払日３月末日および９月末日、期間５年の条件で発行したものである。額面金額と払込金額の差額は、償却原価法（定額法）によって処理しており、過年度の処理は適正である。なお、クーポン利息の処理は適正である。

7．費用収益の前払額・未払額・未収額

販売費前払額10,800千円、支払利息未払額13,120千円、受取利息未収額7,200千円

8．法人税等

当期確定税額は2,400,000千円である。なお、将来減算一時差異の当期増加額100,000千円があり、税効果会計（実効税率は40％）を適用する。

会　計　学

問題（25点）

第１問　次の各文章について、正しいと思うものには○印を、正しくないと思うものには×印を解答欄に記入しなさい。

(1)　企業会計上、継続性の問題となるのは、一つの会計事実に対して二つ以上の会計処理の原則または手続きの選択適用が認められる場合である。

(2)　株主総会提出のため、租税目的のため等種々の目的のために、異なる形式の財務諸表を作成することは単一性の原則に反し認められない。

(3)　損益計算書上、特別損益に属する項目であっても、金額が僅少なものまたは毎期経常的に発生するものは経常損益計算に含めることができる。

(4)　受取手形や売掛金など企業の主目的たる営業取引から生じた債権であっても、破産更生債権等に該当するようになった場合には、投資その他の資産に記載しなければならない。

(5)　商品評価損は、原価性があるものは売上原価の内訳項目とするが、原価性のないものについては特別損失に計上する。

第２問　大阪株式会社は、期末商品の評価について売価還元法を採用している。以下の資料にもとづき答案用紙の損益計算書（一部）を作成しなさい。

第３問　下記の資料により、(1)繰延ヘッジ会計（時価評価されているヘッジ手段に係る損益または評価差額を、ヘッジ対象に係る損益が認識されるまで純資産の項目（評価・換算差額等）として繰り延べる方法）を適用した場合と(2)時価ヘッジ（ヘッジ対象である資産または負債に係る相場変動などを損益に反映させることにより、その損益とヘッジ手段にかかる損益とを同一の会計期間に認識する方法）を適用した場合の当期末における仕訳（ヘッジ対象およびヘッジ手段に係る仕訳）が、税引前当期純利益に与える影響額（仕訳のうち収益項目の合計から費用項目の合計を差し引いた額）および純資産の部の評価・換算差額等に与える影響額（仕訳のうち評価・換算差額等に計上する項目の貸方合計から借方合計を差し引いた額）を答えなさい。なお、表面利率については考慮する必要はない。

〔資　料〕

1．下記の社債は、当期にその他有価証券として額面金額30,000千円の社債を30,000千円で取得（額面で取得）したものである。その他有価証券の評価は全部純資産直入法による。なお、当社は社債購入後、当該社債の金利変動による価格変動リスクをヘッジするため、金利スワップを締結した。この金利スワップの時価は下記のとおりである。また、ヘッジ会計を適用すべき要件は充たしているものとする。

2．純資産の部に計上する評価差額については税効果会計（法定実効税率は40％）を適用し、損益計算書に計上した評価差額および金利スワップの評価差額については、税効果会計の適用はないものとする。

第2回 模擬試験 答案用紙

商業簿記

損益計算書　　(単位：千円)

Ⅰ 売上高		(　　)
Ⅱ 売上原価		
1．期首商品棚卸高	(　　)	
2．当期商品仕入高	(　　)	
合計	(　　)	
3．期末商品棚卸高	(　　)	
差引	(　　)	
4．商品評価損	(　　)	(　　)
売上総利益		(　　)
Ⅲ 販売費及び一般管理費		
1．販売費	(　　)	
2．一般管理費	(　　)	
3．棚卸減耗費	(　　)	
4．租税公課	(　　)	
5．貸倒引当金繰入	(　　)	
6．減価償却費	(　　)	

会計学

第1問

(1)	(2)	(3)	(4)	(5)

第2問

損益計算書　　　　(単位：千円)

Ⅰ　売上高		(　　)
Ⅱ　売上原価		
1．期首商品棚卸高	(　　)	
2．当期商品仕入高	(　　)	
合計	(　　)	
3．期末商品棚卸高	(　　)	(　　)
売上総利益		(　　)
Ⅲ　販売費及び一般管理費		
1．棚卸減耗費		(　　)
営業利益		(　　)

第3問

	税引前当期純利益に与える影響額	評価・換算差額等に与える影響額
(1)繰延ヘッジ会計を適用した場合	(　　　　) 千円	(　　　　) 千円
(2)時価ヘッジ会計を適用した場合	(　　　　) 千円	(　　　　) 千円

(注)(　　)内には+か−を記入すること。

1. 受取利息	(　　　)	
2. 受取配当金	(　　　)	
3.(　　　)	(　　　)	
4.(　　　)	(　　　)	(　　　)
Ⅴ 営業外費用		
1. 支払利息	(　　　)	
2. 社債利息	(　　　)	
3.(　　　)	(　　　)	
4.(　　　)	(　　　)	(　　　)
経常利益		(　　　)
Ⅵ 特別利益		
1.(　　　)	(　　　)	
2.(　　　)	(　　　)	
3.(　　　)	(　　　)	(　　　)
Ⅶ 特別損失		
1. 貸倒引当金繰入	(　　　)	
2.(　　　)	(　　　)	(　　　)
税引前当期純利益		(　　　)
法人税等	(　　　)	
法人税等調整額	(　　　)	(　　　)
当期純利益		(　　　)

金利上昇による影響	△ 4,500千円	3,300千円
当期末の時価	25,500千円	3,300千円

なお、期首商品の売価は200,000千円であった。

〔資料Ⅱ〕期中取引事項等

1．当社の売上取引はすべて掛で行っており、現金で回収している。

2．その他商品売買に関する資料は次のとおりである。

	原　価	売　価
当期総仕入高	821,200千円	1,197,000千円
仕入戻し高	22,800千円	35,000千円
期中値上額		140,000千円
同取消額		64,000千円
期中値下額		84,000千円
同取消額		26,000千円
当期売上高		1,172,000千円

〔資料Ⅲ〕決算整理事項等

1．期末商品実地棚卸高（売価）は200,000千円であった。なお、正味売却価額は下落していない。

(2)　短期貸付金以外の金銭債権はいずれも一般債権であり、売掛金と受取手形の期末残高の２％を貸倒引当金として設定する。

３．有価証券

銘　柄	分　　類	取得原価	時　　価	備　　考
A社株式	売買目的有価証券	3,360千ドル	3,600千ドル	取得時の直物為替相場は１ドル90円である。
B社株式	売買目的有価証券	236,800千円	241,600千円	――
C社株式	子会社株式	2,880,000千円	1,240,000千円	取得原価までの回復見込はない。

４．固定資産

(1)　建物はすべて定額法（耐用年数は30年、残存価額は取得原価の10％）により減価償却を行う。

(2)　備品はすべて200％定率法（耐用年数は８年、残存価額はゼロ）により減価償却を行う。なお、改定償却率は0.334、保証率は0.07909である。

(3)　車両はすべて定額法（耐用年数は10年）により減価償却を行う。なお、旧車両の残存価額は取得原価の10％、新車両の残存価額はゼロとする。また、新車両は取得の翌日から使用している。

５．ソフトウェア

×6年４月１日に自社利用のソフトウェア制作費を資産計上したものである。当初の見込有効期間は５年であったが、当期末において変更はなかった。

備品	2,048,000	資本準備金	1,120,000
車両	400,000	利益準備金	900,000
土地	7,560,000	別途積立金	750,000
ソフトウェア	48,000	繰越利益剰余金	2,478,424
子会社株式	2,880,000	新株予約権	60,000
繰延税金資産	532,000	売上	34,800,000
仕入	23,000,000	受取利息	40,800
販売費	1,943,304	受取配当金	55,200
一般管理費	680,080	有価証券評価損益	19,200
租税公課	493,200		
支払利息	9,240		
社債利息	6,400		
有価証券売却損益	30,000		
	71,595,120		71,595,120

問３	円
問４	円
問５	円

借方科目	金額	貸方科目	金額
減価償却費	(　　)	繰越利益剰余金	(　　)
支払利息	(　　)	売上	(　　)
貸倒引当金繰入	(　　)	有価証券利息	(　　)
その他有価証券評価損益	(　　)	その他収益	166,320
減損損失	(　　)	法人税等調整額	(　　)
その他費用	30,000		
法人税等	(　　)		
	(　　)		(　　)

用年数を３年に変更した。

3．当社は×6年度より、商品の払出単価の計算方法を総平均法から先入先出法に変更した。なお、先入先出法を過去の事業年度から遡及適用することは可能である。×5年度の商品の内訳に関する事項は以下のとおりである。

	期首棚卸高	当期仕入高	売上原価	期末棚卸高
総平均法	33,500円	98,400円	104,800円	27,100円
先入先出法	34,000円	98,400円	104,400円	28,000円

4．×5年度開示財務諸表における×4年度株主資本等変動計算書の繰越利益剰余金当期末残高の金額は59,752円であった。

5．当社の決算日は、毎期３月31日である。

問１　×6年度に開示する×5年度財務諸表の建物減価償却累計額

問２　×6年度に開示する×5年度財務諸表の機械減価償却累計額

問３　×6年度に開示する×5年度株主資本等変動計算書の誤謬による累積的影響額

問４　×6年度に開示する×5年度株主資本等変動計算書の会計方針の変更による累積的影響額

問５　×6年度に開示する×5年度株主資本等変動計算書の繰越利益剰余金当期首残高

（資料１）決算整理前残高試算表（一部）

決算整理前残高試算表

×6年３月31日（単位：千円）

借方科目	金額	貸方科目	金額
売買目的有価証券	144,000	仮受金	22,000
子会社株式	400,000	繰延税金負債	600
その他有価証券	22,000	その他有価証券評価差額金	1,400
満期保有目的債券	231,000	有価証券利息	4,400
有価証券運用損益	900		

（資料２）決算整理事項

当期末に保有する有価証券の内訳は以下のとおりである。

銘柄	分類	帳簿価額	当期末時価	備考
Ａ社株式	売買目的有価証券	144,000千円	147,000千円	注１、注２
Ｂ社株式	子会社株式	400,000千円	388,000千円	注２
Ｃ社株式	その他有価証券	22,000千円	23,000千円	注３、注４
Ｄ社社債	満期保有目的債券	231,000千円	1,945千ドル	注５

（注１）関連する損益をすべて有価証券運用損益で処理する。

（注２）当期中に、Ａ社から6,000千円、Ｂ社から16,000千円の配当金（その他資本剰余金を財源とするもの）を受け取っているが、仮受金で処理しているのみである。

③　割引前将来キャッシュ・フローの見積額

翌期から20年間……毎年540千円　　その後の２年間……毎年360千円

④　割引率は年４％とする。その場合の年金現価係数は20年 13.59、現価係数は21年 0.44、22年 0.42である。

9．当期首に備品を期間５年のリースにより調達した。リース料は毎年３月31日に8,250千円を後払いする。当期の処理は、リース料の支払額を仮払金として処理したのみで、その他の処理を一切行っていなかった。なお、当該リース取引は所有権移転外ファイナンス・リース取引に該当し、減価償却は定額法により行う。

経済的耐用年数：６年、見積現金購入価額：37,260千円、当社の追加借入利子率：年3.2％、

リース料総額の割引現在価値が見積現金購入価額と一致する割引率：年3.49％

10．退職給付に関する資料は、以下のとおりである。当期の処理はすべて適正に行われている。差異等は発生していない。

期首退職給付債務：25,320千円、当期の勤務費用および利息費用：2,340千円、

年金からの支給額：3,300千円、期首年金資産：12,090千円、

当期の期待運用収益：1,680千円、年金掛金の拠出：840千円

11．当期の法人税等の確定税額は68,400千円であった。

12．上記（Ｃ社株式）以外に、当期における将来減算一時差異の増加額が67,500千円あり、税効果会計を適用する。

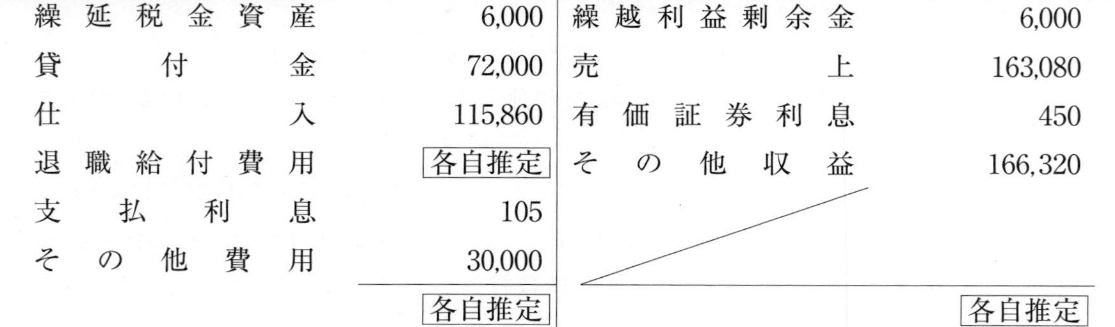

借方	金額	貸方	金額
繰延税金資産	6,000	繰越利益剰余金	6,000
貸付金	72,000	売上	163,080
仕入	115,860	有価証券利息	450
退職給付費用	各自推定	その他収益	166,320
支払利息	105		
その他費用	30,000		
	各自推定		各自推定

〔資料２〕決算整理事項等

1．現金預金には10,080千円の当座預金が含まれている。この当座預金に係る銀行残高証明書は10,800千円であり、差異の原因は次のとおりである。

① その他費用1,920千円の支払いのために振り出した小切手が未渡しであった。

② 買掛金240千円の支払いのために振り出した小切手が決算日までに銀行に支払い呈示されていなかった。

③ 買掛金1,440千円の支払いのために振り出した約束手形が決済されていたが、当社の記帳が漏れていた。

委託販売③

損益計算書　　　　(単位：千円)

Ⅰ 売上高			
1. 一般売上高		(　　)	
2. 積送品売上高		(　　)	(　　)
Ⅱ 売上原価			
1. 期首商品棚卸高			
(1) 手許商品	(　　)		
(2) 積送品	(　　)	(　　)	
2. 当期商品仕入高		(　　)	
合計		(　　)	
3. 期末商品棚卸高			
(1) 手許商品	(　　)		
(2) 積送品	(　　)	(　　)	(　　)
売上総利益			(　　)

試用販売①

損益計算書　(単位：円)

Ⅰ　売上高		
1．一般売上高	(　　)	
2．試用品売上高	(　　)	(　　)
Ⅱ　売上原価		
1．期首商品棚卸高	(　　)	
2．当期商品仕入高	(　　)	
合計	(　　)	
3．期末商品棚卸高	(　　)	(　　)
(　　)		(　　)
⋮		⋮
Ⅳ　営業外収益		
1．(　　)		(　　)

貸借対照表　(単位：円)

商品	(　　)	

試用販売②

損益計算書　　(単位：円)

Ⅰ 売上高		
1. 一般売上高	(　　)	
2. 試用品売上高	(　　)	(　　)
Ⅱ 売上原価		
1. 期首商品棚卸高	(　　)	
2. 当期商品仕入高	(　　)	
合計	(　　)	
3. 期末商品棚卸高	(　　)	
差引	(　　)	
4. (　　)	(　　)	(　　)
売上総利益		(　　)
Ⅲ 販売費及び一般管理費		
1. (　　)	(　　)	
2. (　　)	(　　)	(　　)
営業利益		(　　)

貸借対照表　　(単位：円)

売掛金	(　　)		
貸倒引当金	(△　　)	(　　)	
商品		(　　)	

CHAPTER 08―❸／4問　試用販売③

損　益　計　算　書　(単位：円)

Ⅰ　売　　上　　高			
1．一般売上高		(　　　)	
2．試用品売上高		(　　　)	(　　　)
Ⅱ　売　上　原　価			
1．期首商品棚卸高			
(1)　手許商品	(　　　)		
(2)　試　用　品	(　　　)	(　　　)	
2．当期商品仕入高		(　　　)	
合　　計		(　　　)	
3．期末商品棚卸高			
(1)　手許商品	(　　　)		
(2)　試　用　品	(　　　)	(　　　)	(　　　)
売上総利益			(　　　)

CHAPTER 08―❹／4問　理論問題

ア	イ	ウ

エ	オ

会計上の変更・誤謬の訂正

貸借対照表

	前事業年度 ×3年３月31日	当事業年度 ×4年３月31日
資産の部		
流動資産		
商　　品	(　　　　) 円	×××
⋮		
純資産の部		
株主資本		
利益剰余金	(　　　　) 円	×××
⋮		
純資産合計	(　　　　) 円	×××

損益計算書

	前事業年度 自×2年４月１日 至×3年３月31日	当事業年度 自×3年４月１日 至×4年３月31日
売上原価		
期首商品棚卸高	(　　　　) 円	(　　　　) 円
当期商品仕入高	(　　　　) 円	×××
合　　計	(　　　　) 円	×××
期末商品棚卸高	(　　　　) 円	×××
売上原価合計	(　　　　) 円	×××
⋮		
税引前当期純利益	(　　　　) 円	×××
法人税等	(　　　　) 円	×××
当期純利益	(　　　　) 円	×××

理論問題

ア	イ	ウ
エ	オ	

現金預金①

(1) 貸借対照表（一部）

貸　借　対　照　表
×3年3月31日　（単位：円）

Ⅰ 流 動 資 産			Ⅰ 流 動 負 債		
現金預金		（　　）	買　掛　金	（　　）
受取手形	（　　）		（　　）	（　　）
売　掛　金	（　　）			
計	（　　）			
貸倒引当金	（△　　）	（　　）		
（　　）		（　　）		
Ⅱ 固 定 資 産				
（　　）		（　　）		

(2)

科　目	金　額
	円

（注）科目の記載欄には雑益または雑損を記入すること。

現金預金②

(1) 貸借対照表（一部）

貸借対照表

×2年3月31日　　　　(単位：円)

Ⅰ 流動資産		Ⅰ 流動負債	
現金預金	(　　)	支払手形	(　　)
受取手形 (　　)		買掛金	(　　)
売掛金 (　　)			
計 (　　)			
貸倒引当金 (△　　)	(　　)		
(　　)	(　　)		
Ⅱ 固定資産			
(　　)	(　　)		

(2)

科目	金額
	円

(注) 科目の記載欄には雑益または雑損を記入すること。

金銭債権・貸倒引当金①

(A) 区分処理しない方法

(単位：円)

	借方科目	金額	貸方科目	金額
(1)×1年4月1日				
(2)×2年3月31日				
(3)×3年3月31日				

(B) 区分処理する方法（定額法）

(単位：円)

	借方科目	金額	貸方科目	金額
(1)×1年4月1日				
(2)×2年3月31日				
(3)×3年3月31日				

(C) 区分処理する方法（利息法）

（単位：円）

	借方科目	金額	貸方科目	金額
(1)×1年４月１日				
(2)×2年３月31日				
(3)×3年３月31日				

金銭債権・貸倒引当金②

問1

損益計算書
自×4年4月1日　至×5年3月31日　(単位：円)

⋮

Ⅲ　販売費及び一般管理費
　1．貸倒引当金繰入　(　　　)
　　営業利益　×××
Ⅳ　営業外費用
　1．貸倒引当金繰入　(　　　)
　　経常利益　×××

貸借対照表
×5年3月31日　(単位：円)

Ⅰ　流動資産		
⋮		
売掛金	(　　　)	
貸倒引当金	(△　　　)	(　　　)
⋮		
Ⅱ　固定資産		
⋮		
長期貸付金	(　　　)	
貸倒引当金	(△　　　)	(　　　)
破産更生債権等	(　　　)	
貸倒引当金	(△　　　)	(　　　)

問2

(単位：円)

借方科目	金額	貸方科目	金額

金銭債権・貸倒引当金③

（単位：円）

	借方科目	金額	貸方科目	金額
1				
2				
3				

手形

⑴　決算整理前残高試算表（一部）

決算整理前残高試算表　　　（単位：円）

借方	金額	貸方	金額
受取手形	（　　）	支払手形	（　　）
売掛金	（　　）	貸倒引当金	（　　）
貸倒損失	（　　）	売上	（　　）
手形売却損	（　　）		

⑵　貸借対照表（一部）

貸借対照表

×2年3月31日　　　（単位：円）

資産の部			負債の部	
Ⅰ　流動資産			Ⅰ　流動負債	
受取手形	（　　）		支払手形	（　　）
売掛金	（　　）			
計	（　　）			
貸倒引当金	（△　　）	（　　）		
Ⅱ　固定資産				
3　投資その他の資産				
破産更生債権等	（　　）			
貸倒引当金	（△　　）	（　　）		

CHAPTER 12－❺／6問　保証債務の計上・取崩し

損益計算書
自×1年4月1日　至×2年3月31日　(単位：円)

⋮

Ⅳ 営業外収益	
1. 保証債務取崩益	(　　　)
Ⅴ 営業外費用	
1. 保証債務費用	(　　　)
2. 手形売却損	(　　　)
経常利益	×××

貸借対照表
×2年3月31日　(単位：円)

Ⅰ 流動資産		Ⅰ 流動負債	
現金預金	(　　　)	⋮	
受取手形	(　　　)	保証債務	(　　　)
不渡手形	(　　　)		

CHAPTER 12－❻／6問　理論問題

ア	イ	ウ

有価証券①

貸 借 対 照 表

×5年３月31日　　　　(単位：円)

Ⅰ 流動資産	⋮
有価証券 (　　　)	Ⅱ 評価・換算差額等
Ⅱ 固定資産	その他有価証券評価差額金 (　　　)
⋮	
3．投資その他の資産	
投資有価証券 (　　　)	
関係会社株式 (　　　)	

CHAPTER 13－❷／3問　有価証券②

損益計算書
自×2年4月1日　至×3年3月31日　（単位：円）

⋮

Ⅳ　営業外収益
　（　　　　）　（　　　　）
Ⅴ　営業外費用
　（　　　　）　（　　　　）
　（　　　　）　（　　　　）

⋮

Ⅶ　特別損失
　子会社株式評価損　（　　　　）
　関連会社株式評価損　（　　　　）

貸借対照表
×3年3月31日　（単位：円）

Ⅰ　流動資産	⋮
有価証券（　　　　）	Ⅱ　評価・換算差額等
Ⅱ　固定資産	その他有価証券評価差額金（　　　　）
⋮	
3．投資その他の資産	
投資有価証券（　　　　）	
関係会社株式（　　　　）	

CHAPTER 13－❸／3問　理論問題

ア	イ	ウ

デリバティブ取引①

問1

損　益　計　算　書

自×3年4月1日　至×4年3月31日

（単位：千円）

⋮

Ⅳ　営業外収益	
先　物　利　益	（　　　　　）
金利スワップ差益	（　　　　　）
Ⅴ　営業外費用	
先　物　損　失	（　　　　　）
金利スワップ差損	（　　　　　）
支　払　利　息	（　　　　　）

問2

勘定科目	金額
現　金　預　金	千円
借　入　金	千円
金利スワップ資産	千円

デリバティブ取引②

問1

貸借対照表

×3年3月31日　(単位：千円)

先物取引差金	(　　　)	先物取引差金	(　　　)
金利スワップ資産	(　　　)	金利スワップ負債	(　　　)
投資有価証券	(　　　)	長期借入金	(　　　)
その他有価証券評価差額金	(　　　)	その他有価証券評価差額金	(　　　)
繰延ヘッジ損益	(　　　)	繰延ヘッジ損益	(　　　)

損益計算書

自×2年4月1日　至×3年3月31日

(単位：千円)

⋮

Ⅳ 営業外収益	
投資有価証券評価益	(　　　)
Ⅴ 営業外費用	
支払利息	(　　　)
投資有価証券評価損	(　　　)

問2

貸　借　対　照　表

×3年3月31日　(単位：千円)

先物取引差金	(　　　)	先物取引差金	(　　　)
金利スワップ資産	(　　　)	金利スワップ負債	(　　　)
投資有価証券	(　　　)	長期借入金	(　　　)
その他有価証券評価差額金	(　　　)	その他有価証券評価差額金	(　　　)
繰延ヘッジ損益	(　　　)	繰延ヘッジ損益	(　　　)

損　益　計　算　書

自×2年4月1日　至×3年3月31日

(単位：千円)

⋮

Ⅳ　営業外収益

投資有価証券評価益　(　　　)

Ⅴ　営業外費用

支払利息　(　　　)

投資有価証券評価損　(　　　)

理論問題

ア	イ	ウ
エ	オ